和谐社会视角下大学生就业区域流向及引导策略研究

周岚峰 ◎ 著

北京工业大学出版社

图书在版编目（CIP）数据

和谐社会视角下大学生就业区域流向及引导策略研究 / 周岚峰著 . — 北京：北京工业大学出版社，2018.12（2021.5 重印）
ISBN 978-7-5639-6527-4

Ⅰ . ①和… Ⅱ . ①周… Ⅲ . ①大学生—就业—研究 Ⅳ . ① G647.38

中国版本图书馆 CIP 数据核字 (2019) 第 020654 号

和谐社会视角下大学生就业区域流向及引导策略研究

| 著　　者：周岚峰 |
| 责任编辑：齐雪娇 |
| 封面设计：晟　熙 |
| 出版发行：北京工业大学出版社 |
| 　　　　　（北京市朝阳区平乐园 100 号　邮编：100124） |
| 　　　　　010-67391722（传真）　bgdcbs@sina.com |
| 经销单位：全国各地新华书店 |
| 承印单位：三河市明华印务有限公司 |
| 开　　本：787 毫米 ×1092 毫米　1/16 |
| 印　　张：8.25 |
| 字　　数：180 千字 |
| 版　　次：2018 年 12 月第 1 版 |
| 印　　次：2021 年 5 月第 2 次印刷 |
| 标准书号：ISBN 978-7-5639-6527-4 |
| 定　　价：39.80 元 |

版权所有　　翻印必究

（如发现印装质量问题，请寄本社发行部调换 010-67391106）

前 言

英国"政治经济学之父"威廉·配第说过:"劳动是财富之父,土地是财富之母。"2015年7月24日,习近平总书记向全国青联十二届全委会和全国学联二十六大发来贺信明确指出:"当代中国青年要在感悟时代、紧跟时代中珍惜韶华,自觉按照党和人民的要求锤炼自己、提高自己,做到志存高远、德才并重、情理兼修、勇于开拓,在火热的青春中放飞人生梦想,在拼搏的青春中成就事业华章。"习近平总书记指出:"就业是民生之本,解决就业问题根本要靠发展。要切实做好以高校毕业生为重点的青年就业工作,加强城镇困难人员、退役军人、农村转移劳动力就业工作,搞好职业技能培训、完善就业服务体系,缓解结构性失业问题。"2017年全国高校思想政治工作会议上进一步明确了高校培养什么样的人、如何培养人以及为谁培养人这个根本问题。促进大学生在全国各区域有序、合理流动就业或择业,对建设人力资源强国和创新型国家具有重要而又深远的意义。

本书立足于中国国情,以马克思主义为指导,通过对我国部分高校大学生就业区域流向的情况进行统计分析,探究其影响因素,并分析其成因,有针对性地提出引导大学生就业区域流向的基本策略。

本书主要根据大学生在全国各区域就业流动与高等教育发展、城镇化进程、区域经济发展、社会发展等现状,以思想政治教育学、心理学、社会学的视角,观察、描述、解释、预测、规范研究路径,力求从内容、关系、结构层面解释大学生就业区域流动问题,同时试图把区域经济发展、高等教育发展、社会保障的宏观问题与大学生就业区域流动等微观问题结合起来,努力建立国家、社会、高校、家庭、大学生自身的结构联系。

本书采用文献研究和实证研究相结合的方法对大学生在全国各区域就业流动问题进行研究。文献研究主要包括内容分析、现存统计资料分析。数据来源于:中国历次人口普查、中国历年统计年鉴。实证研究方法包括运用问卷调查、实地访谈、院校调研等。

本书共五章,第一章当代课和第二章国内外相关理论综述为全书做铺垫;第三章与第四章,提出存在的现象及问题,并对影响因素进行剖析;第五章是全书的重点,提出相应的对策和建议。

本书研究的意义,从理论上讲,本书比较系统地运用思想政治教育学、心理学、社会学、政治经济学的相关理论,解释我国大学生就业区域流动的现状;从实践意义上讲,本书旨在运用收集到的相关数据,提出有效引导大学生区域流动的具体对策。

本书的价值在于大学生就业区域流向的均衡、有序流动对国家区域经济的全面协调、可持续发展意义重大。在研究内容上，本书较为系统地运用多种学科理论解释我国大学生就业区域流动存在的一些问题，正确引导高校毕业生在全国各区域有序、科学、合理就业或择业。在研究方法上，针对我国大学生区域流动就业问题的研究力图做一些实证性研究尝试，为大学生的就业、高等教育的改革、政府就业政策的出台提供一些参考。

作　者
2018 年 10 月

目 录

导 论 1

第一章　当代课——大学生就业区域流向与引导 8

第二章　研究基础——大学生就业区域流向国内外相关理论综述 11
　　第一节　大学生就业区域流向相关概念界定 11
　　第二节　大学生就业区域流向的国内外理论综述 12

第三章　提出问题——大学生就业区域流向现状分析 16
　　第一节　大学生就业区域流向基本概况 16
　　第二节　大学毕业生就业基本数据来源 22
　　第三节　大学生就业区域流向基本特征及成因分析 30

第四章　实证研究——大学生就业区域流向相关影响因素分析 33
　　第一节　外部拉力：社会资本——劳动力市场面临的现状与大学生就业
　　　　　　区域流向 33
　　第二节　外部驱力：区域吸引力——区域经济发展与大学生就业区域流向 ... 35
　　第三节　外部推力：区域吸引力——国家发展战略、区域城镇化进程与
　　　　　　大学生就业区域流向 39
　　第四节　内部动力：成才机会——大学生就业动机、就业心理与大学生就业
　　　　　　区域流向 42

第五章　采取措施——大学生就业区域流向引导策略研究 44
　　第一节　构建通畅的大学毕业生就业信息基础建设工程 44
　　第二节　加快城镇化进程，加快人力资本会聚 52
　　第三节　构建对区域流动中弱势大学毕业生群体就业帮扶体系 57
　　第四节　加强有效引导，推动大学毕业生灵活就业 63
　　第五节　完善就业质量评估体系，提升就业品质 67

- 1 -

第六节 优化人力资源投资，完善就业政策法规 …………………………… 73

第七节 努力消除大学毕业生在就业中的各种就业歧视行为，构建公平有序的劳动力市场 …………………………………………………………… 83

第八节 规范用人单位市场行为，调整好劳动关系 …………………………… 91

第九节 发挥家庭积极作用，引导大学毕业生理性就业 …………………… 100

第十节 提高基层社区服务能力，助力大学毕业生就业 …………………… 109

第十一节 加强思想政治教育，引领大学毕业生树立正确的、理性的择业和就业观 ………………………………………………………………… 114

参考文献 ………………………………………………………………………… 124

导 论

一、研究背景——关于大学生就业区域流向与引导

大学生就业区域流向，已成为近些年国家与社会包括学术界广泛关注和研究的热点和难点问题之一。这主要是基于大学生就业与每个家庭息息相关，大学生就业区域流向与国家就业政策制定紧密联系，与国民经济持续健康发展紧密关联。中国是一个处于社会主义初级发展阶段的发展中国家，长期以来，大学生就业区域流向受户籍制度、就业机制体制、社会基本保障制度与城乡二元体制所影响。改革开放以来，随着社会主义市场经济不断发展，大学生就业区域流向呈现出特有的活力，并成为推动中国经济社会发展的重要引擎和动力，有力地推动了社会主义现代化的发展。

①大学生就业区域流向趋势表明：没有大学生有序的流动，就没有现代化的实现和发展。人类社会的文明发展史说明，信息化、城镇化、工业化是现代化的重要标志，而使现代化成为可能的重要人口动因就是大学生就业流向的活跃度。在某种意义上说，没有大规模、有序化的大学生就业区域流向，就没有城镇化、工业化、农业现代化，也就很难实现中国现代化。中国现代化历史从某种意义上就是大学生就业群体流向的历史。

俗话说，"人往高处走，水往低处流"。新中国成立之前，大学生的就业方式基本上是自谋出路，自己去社会上找事做，除了达官贵人或富贾乡绅的大学毕业生通过某种特定的关系而顺利就业，大部分大学生就业处于比较艰辛的漂泊状态。1949年新中国成立后，党中央、政务院高度重视大学生就业群体。1950年6月22日，政务院发布《为有计划地合理地分配全国公、私立高等学校今年暑假毕业生工作的通令》，从1950年暑假起，大学生就业基本上由政府统一分配。1951年10月11日，政务院又发布《关于改革学制的决定》；1952年7月19日，政务院《关于1952年暑假全国高等学校毕业生统筹分配工作的指示》，进一步明确了当时我国大学生就业的基本方针，即"集中使用，重点配备"。1956年政务院大学生就业分配方针政策又做了补充，即"根据国家需要，集中使用、重点配备和一般照顾"。1958年4月2日，中共中央《关于高等学校和中等技术学校下放问题的意见》第三条明确规定，对毕业生实行"分成分配"，即中央抽取一定比例统一分配，余下的由地方政府分配，我国实行的是"统一招生，统一分配"原则，"统筹兼顾，加强重点"原则，"面向生产，面向基层"原则，"专业对口，学用一致"原则。通过对大学生统一调配，集中人才优势，国民经济得以迅速发展。但与此同时，在某种程度上也制造了一些"篱笆"和"围墙"，使大学生就业区域流动受到某些限制，

流动缺乏活力。此前20世纪60年代至70年代，大学生就业区域流动处于无序的发展模式，极大地延缓了甚至破坏了我国现代化的发展进程。新中国成立之初大学毕业生人数为2.1万人。

②改革开放以来正反两方面实践表明：大学生就业区域流向有序化态势对中国和谐、可持续发展推动作用已十分明显。党的十一届三中全会以来，我国经济体制改革不断深入推动，大学生就业已成为国家关注的重点问题。1958年5月27日，国务院发布《中共中央关于教育体制改革的决定》明确指出：要不断推进高等学校招生、收费和毕业生就业制度的改革，逐步实行大学毕业生自主择业、用人单位择优录用，部分专业如师范类、公安类等由国家统一调配的制度。1993年2月13日，国家发布《中国教育改革和发展纲要》，1994年，国家教委《关于进一步改革普通高等学校招生和毕业生就业制度的试点意见》一系列文件的颁布为大学生就业区域流动"松绑"。农村实行家庭联产承包责任制，大批农民工开始涌入城市，农村剩余劳动力迁移加速，城市就业体制机制改革，户籍制度逐渐开放，城乡二元结构弱化，国民经济持续健康发展，大学生就业区域流向"势能"得到不断释放，掀起了一股大学生就业区域流动的大潮。"流水不腐"，就大学生区域流动而言，流比不流好，大流比小流好。社会主义市场经济体制改革不断推动，我国由计划经济体制向市场经济体制转变的过程中，也会有一些或多或少的挑战，但它顺应了我国生产力发展的要求，极大地推动了中国现代化发展进程。例如：它促进了资源、土地、技术、劳动力等生产要素的合理调配，可以有效地提高生产力的利用效率，加速各种资本的形成，它使某些风险分流，可以培养大批现代化生产所需要的经营管理人才；缓解了城镇化进程中劳动力数量不足的结构不合理的问题，满足了现代化进程中的劳动力需求；可以提升城市化进程和城镇化水平，有效改善区域的人口结构，实现劳动力资源合理配置等。从全国来看，以"七五时期"为例，大学本科、专科毕业生266.8万人，比"六五"时期增加73.8%，国内培养毕业研究生15.8万人，其中获得博士学位的6927人，获得硕士学位的14.1万人。我国平均每万人拥有大专以上文化程度的人口由1982年的62人增加到1990年的142人。1979年至2000年，全国普通高校毕业生人数逐年增加，毛入学率逐年提升，这表明高等教育呈现蓬勃发展的良好势头，但与西方其他国家高等教育毛入学率相比，仍有待进一步加强。据联合国教科文组织《1995年世界教育报告》数据显示：1994年，西方国家的高校毛入学率均超过30%，其中法国、加拿大、美国、澳大利亚、芬兰、新西兰、挪威7个国家超过50%。改革开放以来，大学毕业生数量呈不断增加趋势，大学生就业区域流向暴露出一些不可忽略的问题：形成大学生择业市场化和劳动力就业市场发育不完善矛盾，市场无法提供比较充足的就业机会；人才市场良性流动与大学生择业市场化较难匹配，就业市场运行机制体制不充分；国家就业政策导向与就业政策配套不完善，大学生就业市场政策开放度不足。

③21世纪的前瞻：大学生就业区域有序流动成为推动中国实现"两个一百年"目标的重要推手。国家统计局网站公布，截至2014年中国经济数据。2014年，中国大陆

总人口达 136782 万人，其中男性人口 70079 万人，女性人口 66703 万人，男性比女性人口多了 3376 万人，其中流动人口 2.53 亿人，比上年增加 800 万人，2014 年全国就业人口 77253 万人，比上年增加 276 万人，其中城镇就业人口 39310 万人，比上年增加 1070 万人。2014 年世界人口不断增长，与资源之间的矛盾日益突出，我国政府一方面通过实行计划生育控制人口数量，另一方面也不断提升人口质量，力图解决此矛盾。而与此同时，大学生毕业人数呈逐年递增趋势，2000—2016 年大学毕业生人数分别为 94.98 万人、103.63 万人、133.73 万人、187.75 万人、239.1 万人、306.8 万人、377.47 万人、447.79 万人、512 万人、531.1 万人、575.4 万人、608.2 万人、624.7 万人、680 万人、699 万人、750 万人、800 万人，数以百万计的大学毕业生有待流动，城镇化进展还有待推动。因此，未来数十年，大学毕业生的流动、转移及城镇化，可能成为影响我国国民经济发展不可忽略的因素。根据大学毕业生流动"潜力"及社会主义市场经济体制改革的不断推动，展望中国未来大学毕业生区域流动前景，可以预测：至少在 21 世纪中叶，相对于中国人口增长的趋缓，大学毕业生就业区域流动将更加活跃，并成为中国实现全面小康社会的重要动力。

二、题目选择——大学生就业区域流向

在大学生就业问题的研究方面，国内外学者做了许多深入并富有实践指导意义的探讨，也取得了较为丰硕的成果。国外学者主要以大学生供需原则进行研究，主要围绕大学生供给需求以及供需匹配等方面开展。同时，各方学者也注重从社会资本理论角度来分析大学生就业流动现状，如社会资本需求与大学生就业区域流动相关性研究。有学者以西班牙为例，指出其没有能力提供给大学毕业生更多就业机会是因为西班牙在经济发展过程中技术投入不足。还有的学者认为芬兰大学毕业生就业岗位不充足是因为政府公共部门减少了招聘规模。

近些年来，随着我国高校大学毕业生人数的逐步增加，就业市场化趋势加强，大学生就业难、就业流动难问题日益凸现，引起国家、社会、家庭的广泛关注。许多学者通过各种不同视角、不同理论派别等对这个问题进行各种尝试性探索，也涌现了一批十分有价值的理论。他们试图寻找解决大学生就业流动难的问题的对策，缓解大学生就业压力，实现社会和谐、可持续发展。2006 年共青团中央学术部北京大学公共政策研究所——北大课题组，对大学生就业状况做了一些调查，试图更为客观全面地指出大学生就业动态。某些学者运用劳动力市场分割理论，对我国大学生就业状况进行调研，并取得了一些成就。如曾湘泉探讨了改革开放以来作为知识劳动的毕业生市场供给意愿和供给行为，廖泉文等学者探讨了我国大学生就业市场的特点和就业难的原因。范湘云等学者认为，高校毕业生就业问题与我国国情，区域经济发展不均衡，专业教育、特色专业教育层次有相关性。

国内外学者对大学生就业区域流动进行多方探索，为我国大学生就业区域的有序流动提供了十分宝贵的借鉴经验。但一些相关性研究仍然存在一些不可忽略的问题，国外

对大学生就业问题的研究时间较早，起步较快，相关理论发展较为成熟，但由于各国的具体国情不一致、教育文化背景差异、人口数量和质量不同、经济发展水平参差不齐以及发展阶段不一样等，我们对相关研究应当采取"扬弃"的态度，既保留又克服，既要吸取有助于我国大学毕业生就业区域流动的经验，又要坚决摒弃各种腐朽的、没落的糟粕，洋为中用。我国正处于并将长期处于社会主义初级阶段，全国各区域发展不平衡是客观事实，大学毕业生综合素质不一也是不容争议的问题，所以对于国外学者的相关研究我们要立足于国内实际。国内学者对大学生就业区域流动各种动态、原因、影响因素等进行了深入的研究，提出了许多实用性的对策建议，注重系统性、完整性、逻辑性与前瞻性，注重定性分析与定量分析相结合，注重工作经验和现实实践相结合，注重不同理论支撑，这些相关研究成果都得好好借鉴，同时我们也要看到一些不足，如在数据统计和定性分析上存在一些不完善的地方，在研究内容、研究角度、研究思路上也亟待深入、系统地研究。在近些年来的大学生就业区域流向问题的研究上，笔者也结合自身的实践经验，在借鉴国内外其他学者的研究成果的基础上进行了一些思考，并主持完成了相关研究课题。2014年教育部人文社会科学研究一般项目（青年基金），本书即为该项目研究的主要成果。

三、研究内容

本研究的主要内容是立足于中国国情，以马克思主义为指导，通过对我国部分高校大学生就业区域流向的情况统计分析，探究其影响因素，并分析其成因，有针对性地提出引导大学生就业区域流向的基本策略。

四、研究方法

学术研究是依赖研究方法对研究问题展开学术分析和建构的过程。学术研究水平高低与学术研究内容的广度与深度密切相关，也与研究者自身的研究水平紧密联系。本书所采用的研究方法主要有文献分析法、实证研究法、历史比较法三种。

1. 文献分析法

文献是进行学术研究的基本素材，它主要包括经典著作、文件资料、档案记载、历史资料等。本书在进行文献分析时，强调政治经济学、西方经济理论与大学生就业区域流向相结合，强调劳动力市场理论、技术进步理论、家庭心理学、国家政策法规、个人就业机会、就业成本理论与大学生就业区域流向问题相结合，强调马斯洛需要层次理论、新古典主义理论、凯恩斯就业理论、马克思主义哲学、思想政治教育学、心理学的基本原理。通过对中外学者相关研究成果的综述，结合中国基本国情，按照大学生就业区域流向的内在逻辑分析，将影响大学生就业区域流向的各种因素进行剖析。同时，结合全国部分高校2003—2015年大学毕业生就业数据，2010年第六次全国人口普查数据和《中国统计年鉴》2003—2015年的数据，对大学生就业区域流向问题进行综合述评，形成一个较为完善的理论体系。

2. 实证研究法

本书主要采用的另一种研究方法就是实证研究法，主要是通过调查走访、专家访谈、数据统计、建立数据库等方式获取一手资料，根据现有研究成果进行处理分析，并在这个基础上形成科学性认识。本文主要采用定性分析和定量分析。定性分析主要采用问卷调查的方式实施。如为了解大学生就业区域流向影响因素和大学生就业区域流向成因，本研究设计了"毕业生就业区域流向影响因素调查问卷""大学毕业生就业区域流向吸引力调查问卷""大学生成才机会调查问卷"等。定量分析主要采用搜集相关数据、设计相关变量、建构模型等方式检验自变量与因变量之间的因果关系。如本研究以大学生就业的学术理论为基础，提出了大学生就业区域选择的外部动力与内在推力，并构建了大学生就业区域流向驱动体系和大学生就业区域流向成因模型，运用相关数据分析多个因素在大学生就业区域流向中的作用机理，研究了大学生区域流向的区域吸引力、成长机会和社会资本作用。

3. 历史比较分析法

本研究主要从纵向和横向两个角度系统地比较分析新中国成立以来大学生就业区域流向的状况以及中国以外的部分国家如美国、英国、日本、德国、新加坡等国家在大学生就业区域流向问题上的各种调控对策，从深度和广度两个方面了解大学生就业区域流向的影响因素，并依据各种理论假设和实践成果，设定比较选项，将安全分析纳入比较范围，依据严谨的比较分析，从而得出结论。

五、全书结构

本书由五个章节组成。第一章主要考察大学生就业区域流向问题提出的学术价值和现实意义，并对大学生区域流向的研究方法、内容结构和创新点做一些阐述。第二章对大学生就业区域流向问题的国内外学者相关研究成果进行综述，对大学生就业区域流向的一些基本概念进行必要的界定。第三章重点研究大学生就业区域流向的基本概况、重要特征，并对这些特征进行剖析。第四章主要阐述影响大学生就业区域流向的相关因素，主要包括经济发展、劳动市场、国家发展战略、区域城镇化、个人就业动机、就业心理等方面。第五章主要探讨大学生就业区域流动的引导策略研究的落脚点，主要从国家层面、社会层面、高校层面、大学生个体层面等方面进行阐述。

作为教育部人文社会科学研究一般项目（青年基金）课题的一个成果，追求原创性是本书的重要特色。本书不仅力求每个篇章对一些实际问题研究进行实践性的探讨及理论的思考，同时力求使篇与篇之间，整本书的编排具有逻辑性、连贯性、整体性、系统性。具体而言，本研究主要在以下几个方面有所突破。

首先，在研究目标上有所创新。本研究是在总结国内外学者相关研究成果的基础上，立足于我国基本国情与大学毕业生实际情况，在马克思主义指导下，在对我国大学生就业区域流向不同特征进行较为客观分析的基础上，结合思想政治教育学、心理学、人力资源管理学、政治经济学、哲学等相关理论提出的。在研究思路上首先对我国现有大学生就业区域流向存在的具体问题进行深入剖析，采取具体问题具体分析、定性分析与定量分析相结合、宏观研究与微观研究相结合的方法，通过对我国大学生就业区域流向影响因素的理论分析和实证研究，探寻我国大学生就业区域流向的主客观影响因素，然后通过实证方法研究分析我国大学生就业区域流向的主要成因，结合理性分析与感性分析，在相关研究成果的科学性、整体性、系统性、有机性的基础上提出引导策略，以期实现大学生就业区域流向的健康、和谐、可持续流动，使其与我国全面建成小康社会，实现中华民族伟大复兴的中国梦相适应，并逐步转向良性循环。

其次，在研究内容上有所突破。本研究通过对东部、中部、西部、东北部各个区域内大学生流入、流出现状进行分析，对各区域大学生数量在总人口中的占比以及区域内国家投入与大学生流出、流入的统计数据进行分析，具体分析我国目前大学生就业区域流向的各种特征，以及其对国家、区域经济的各种影响。根据哲学、政治经济学、区域经济理论、心理学、思想政治教育学等各种理论，系统分析影响大学生就业区域流向的各种因素，初步建构大学生就业区域流向的主要推动系统，特别是探究区域经济体的软硬件环境、用人单位的人才招聘要求、家庭环境的影响、社会就业资本的驱动以及大学生自身择业的动因等。本研究提出要综合政府、社会、高校、社区、用人单位以及大学生个体的力量来共同推动大学生就业区域的有序流动。在大学生就业区域流向各种驱动机制的基础上，使用一些统计分析方法，如相关分析、因素分析、回归分析以及结构方程模型等对大学生就业区域流向的影响因素进行分析，并初筛影响因素，论证它们之间的相关性，在整体上去把握其影响强度。从区域经济体吸引力、大学生就业机会成本和社会资本三个部分入手，对影响大学生就业区域流向的主要因素进行系统分析，构成大学生就业区域动力模型。在上述分析和研究的基础上，针对我国大学生就业区域流向存在的主要困境，结合影响因素，分析主要原因，按照政府、社会、高校、社区、毕业生、企业等不同群体的职责和在大学生就业区域流向中所起的不同作用，提出相应引导策略和保障措施。

再次，在研究思路上有所创新。本研究主要通过对大学生就业区域流向的各种影响因素的综合分析，对主要成因的探析，在立足于国情的基础上提出引导大学生就业区域流向的主要策略。在收集相关数据的基础上，建立数据库，并与调研情况相结合，使用各种统计方法进行分析。本研究将研究的区域重点集中在内陆地区，具体而言，研究的主要区域为除我国港澳台之外的中国内陆地区。

最后，在研究方法上有所创新。在本项目中笔者提出了几种大学生就业区域流动模式及大学生就业区域流动与区域体内经济互动发展的定性和定量分析的新方法。如提出了大学生就业区域流动信息基础工程建设体系、就业区域流入和流出相关概念，探讨了我国区域经济体内大学生就业流动的选择动因和区域人才资源的优化模式，探究了大学生就业区域流动与区域经济体发展状况的相关性，采用定性分析和定量分析相结合的办法进行探究，探索区域内原有大学生人数以及迁入、迁出大学生人数的动态变化趋势及影响因素，尽可能使该项目研究更具有说服力和科学性。科学的分析方法使本项目在实证研究上获得了一些创新性成果，如提出了影响大学生就业区域流向的因素，包括社会成本、家庭环境、国家政府、劳动力市场等方面。本研究多视角考察我国东、中、西部大学生就业区域流向的基本态势，长三角、珠三角、京津冀大学生就业流动状况、流动特征，分析影响的主要因素，尤其是对部分多次流动大学生的个案行为进行深入剖析，探究大学生就业区域流动对区域内经济发展的影响程度。本研究在理论和内容、目标上的突破，以及在实证基础上的剖析，对当前和我国大学生就业区域流向相关的学术探讨具有一定的参考价值。而且这些研究成果为国家、社会、企业、大学生、家庭等各个主体引导大学生就业区域内合理、有序流动提出了切实可行的思路和方法，为有效解决大学生就业区域流向问题提供了一些指导，为区域经济体人才资源的优化配置、可持续发展提供了科学依据。因此，本项目研究也具有一定的实践价值。

第一章 当代课——大学生就业区域流向与引导

大学生就业是民生之本，关系到千家万户的切身利益，是实现科学发展，促进社会和谐的重要基石，是实现社会经济政治文化可持续发展的基础。就业问题不仅是一个经济问题，也是政治问题、社会问题，解决大学生就业是实现社会和谐发展的必然要求，大学生就业区域流向的不断演变和态势影响大学生就业潜力的发挥。我国正处于全面建成小康的关键阶段，对这一特定历史时期大学生就业区域流向的研究有助于促进社会和个人的全面发展。

一、我国大学生就业区域流向问题的演变过程

在新中国成立之前，我国高校毕业生每年大约有2万人，主要是自主择业，自谋生路。新中国成立后，随着国家整体发展的需要，在计划经济时期，高校大学生主要由国家统一招收，统一分配。国家根据国民经济发展的需要，为重点建设行业或特殊地区输送大量的大学生。如大量的大学生流向东北地区，支援东北地区重工业发展。政府主要依靠强制性行政命令来左右大学生就业区域流向，它极大地促进了当时经济社会的发展。改革开放之前，如在1972—1979年间，大部分大学毕业生根据国家的统一安排，实行哪里来回哪里的方针，小部分大学毕业生由国家按需安排，1977年我国恢复全国统一招生考试制度，大学生就业区域流向主要方针是国家根据学校隶属，统一招收，抽成调剂，分级安排。这一时期大学生主要实行的是精英教育，集中人才资源优势，确保国家重点建设项目和国民经济发展需要。在1985—2000年间，我国政府对大学生就业区域流向由半强制转向自主择业，这一时期主要是根据大学生本人的选报志愿、学校推荐、用人单位择优录用的原则。自2000年开始大学生就业区域流向步入自由流动的快车道，双向选择，自主择业成为主流。

二、大学生就业区域流向划分

大学生就业区域流向状况是区域人才资本聚拢情况的真实写照。大学生就业区域流向影响着区域内人力资源优势的发挥。大学生就业区域流向与区域内经济发展程度密切相关。本研究按照国内行政区域划分的惯例，将我国台湾、香港和澳门地区除外的31个中国大陆、中国内地的省、自治区和直辖市，分为东部、东北部、中部和西部四块区域。东部地区涵盖北京、天津、河北、上海、浙江、江苏、福建、山东、广东、海南10个省、市，

东北地区包含黑龙江、辽宁和吉林三省。中部地区包括山西、安徽、江西、河南、湖北、湖南六省。西部地区涵盖陕西、甘肃、青海、宁夏、新疆、四川、重庆、云南、贵州、西藏、广西、内蒙古12个省、市和自治区。主要划分依据为政策性划分，东部是最早批准实行沿海开放政策并且经济发展水平较高的省市，东北地区为我国重工业、老工业生产的主要地区，中部地区为经济次发达地区，西部地区为经济欠发达地区。

三、大学生就业区域流向问题研究的重要意义

大学生就业区域流向失衡问题，是国家和政府不可回避的问题，如何确保大学生就业在量上的充裕和结构上的合理已不仅仅是一个经济问题，更是一个政治问题或社会问题。在今后较长的一段时期内，我国处于并将长期处于社会主义初级阶段，正处于全面建成小康社会，实现中华民族伟大复兴的中国梦的关键时期。往年未就业的大学生、当年度毕业的大学生、下岗的工人、两亿多的农民工都在找工作，大学生就业问题面临着严峻的局面、巨大的挑战。那么，该如何解决此问题，出路在哪里，方向在何方，怎么办是摆在党和国家面前不可回避的问题。所以，对这一问题的研究具有重要的现实意义和学术价值。

第一，大学生就业区域流向的均衡有序流动对区域经济体的全面协调、可持续发展意义重大。大学生就业是关系到国计民生的重大问题。大学生就业区域流向的无序、混乱造成区域内经济发展的不平衡性凸显。过多的大学生集中流向某一区域，人力资本大量浪费，过少的大学毕业生流向某一区域，人力资本不足，区域经济发展差距拉大，造成了贫富差距的扩大，甚至可能引发一定的社会问题。所以，大学生就业区域合理流动，体现了社会主义制度的优越性。

第二，大学生就业区域流向稳定性的研究也是学术界研究的焦点，它具有较高的学术价值。大学生就业区域流向问题的研究为政府的有效引导提供重要参考。大学生就业区域流向的数量、方向、程度以及结构对于实现社会和谐发展具有重要的现实意义。当前，我国正处于全面建成小康社会，实现中华民族伟大复兴的中国梦的关键时期，影响大学生在全国各区域经济体流动就业或择业的影响因素有多方面，既有共性又有个性，既具有一般性，又具有特殊性、复杂性，需要在学术领域进行深入的探讨与反思。由于各国国情不同，政治、经济、文化发展又具有不平衡性，既有各种成功的经验，又有许多值得思考的教训，我们要"扬弃"，既保存又克服，吸其精华，弃其糟粕，古为今用，洋为中用。特别是在社会主义市场经济条件下，如何加强政府的就业宏观调控能力，加强对大学生就业区域流向的引导，需要进行深入透彻的理论分析。

第三，大学生就业区域流向问题的研究为政府就业策略提供依据。我国是世界上最大的发展中国家，现阶段社会生产力水平还比较低，科技水平、民族文化素质还不够高，社会主义制度还不完善，我们正在并将继续建设和发展中国特色社会主义。与其他国家相比，我国的人力资源在数量上具有一定的优势，但在技术含量和结构上仍然有许多需

要改善的地方。1999年我国实施扩招政策,大学毕业生数量逐渐呈几何式递增。国内外多种复杂因素叠加,大学生就业问题日益突出,大学生就业区域流向问题日益明显。因此,解决大学生就业区域流向问题,需要顶层设计和摸着石头过河策略相结合,需要纳入国家宏观调控,需要国家、用人单位、家庭和大学毕业生多方形成合力,需要对各区域经济体发展状况进行科学考察。只有建立在精细分析的基础上,才能更加翔实地了解大学生就业区域流向的基本特征和整体轮廓,才能最大限度地发挥大学生的潜力,制定切实可行的统一规划。

四、研究的创新点

本研究主要是对大学生就业区域流向的特征、影响因素、成因、驱动体系以及引导策略进行考察分析,并从相关理论的实证方面探讨大学生就业区域流向对现阶段中国全面建成小康社会,实现中华民族伟大复兴的中国梦的作用机制和影响程度。本书在国内外相关文献资料研究的基础上,通过文献综述法、实证研究法和历史比较法等研究方法,构建相应的驱动体系,结合中国部分高校2003—2015年就业统计数据、《中国统计年鉴》2003—2015年的数据和2010年全国第六次人口普查数据等进行综合分析,研究具有一定的创新性。

五、研究的不足

关于大学生就业区域流向问题的研究是一个综合、复杂、系统而又不断变化的课题,由于局限于自己的学术水平、理论认知能力、统计经验的不足以及自身思维习惯的影响,笔者对于该课题中的许多探究和剖析难免不够透彻,这些使本书中的研究和结论难免会有疏漏、不足之处。再加上本书资料收集、整理和统计的难度,在问卷调查中的变量选择和各问卷指标选择的局限,大学生就业区域流向的不确定性因素仍然存在,各区域体内的经济、政治、文化变化的不确定性,笔者对大学生就业区域流向的精确性、差别性仍把握不足。所有这些不足都会对本书的最终分析结果产生影响。对于以上问题,笔者将在今后的研究中通过不断探索,不断完善相关理论,细化更多的评价指标及逐步改进统计方法加以解决。

第二章 研究基础——大学生就业区域流向国内外相关理论综述

第一节 大学生就业区域流向相关概念界定

1. 大学生

大学生是社会的一个重要群体,是指受过大学教育尚未进入社会的人,作为社会新技术、新思想的前沿群体,国家培养的高级专业人才,代表着最先进的文化群体之一。大学生即在校注册入学和接受教育的群体统称。它包括专科生、本科生、研究生和博士生。本研究的大学生群体主要针对专、本科大学生,部分硕士生和部分博士生。

2. 就业

国际劳工组织明确规定,就业是指在一定年龄阶段内人们所从事的为获取报酬或为赚取利润进行的活动。本书的就业是指在法定年龄内的有劳动能力和劳动意愿的大学生所从事的为获取报酬或其他经营活动收入所进行的各项活动。简言之,就业是大学毕业生同生产资料相结合,从事一定的社会劳动并取得劳动报酬或经济收入的活动。具体而言,它主要从三个方面来进行定义。一是就业条件,是指在法定劳动年龄内有劳动能力和劳动愿望。二是收入条件,指获得一定的劳动报酬或经营收入。三是时间条件,即每月工作的时间长度。

3. 大学生就业对象

大学生就业对象主要是指在城镇(含乡村)就业的大学生。它主要包括在城镇(含乡村)从事非农业活动的就业大学生,包括在国有单位、城镇集体单位、股份合作单位、联营单位有限责任公司、股份有限公司、私营企业、外商投资企业单位和个体工商户从业的大学生,还包括自主创业、灵活就业的大学生。

4. 大学生就业率

大学生就业率是指大学生就业群体与大学毕业生总数的百分比。

5. 失业

失业是指大学毕业生中愿意并有能力为获取报酬而工作,但尚未找到工作的情况,即认为是失业。按照国际劳动组织规定,凡是在规定年龄内的一定时间内属于下列情况的均属失业人员：一是大学生没有工作，即在调查期间内没有从事报酬的劳动；二是当前大学生可以工作，就是当前如果有就业机会就可以工作；三是大学生正在寻找工作，就是在毕业期内采取了具体寻找工作的步骤，如通过到相关公办或私营中介机构登记、到企事业单位求职等各种方式寻找工作。大学生失业可分为三种：大学生自愿性失业、摩擦性失业、结构性失业，大学生非自愿性失业、技术性失业、周期性失业及大学生隐蔽性失业。

6. 大学生失业率

大学生失业率是指一定时期内满足全部就业条件的大学生群体中仍有未工作的大学毕业生与大学毕业生总数的百分比，它主要是估量闲置的学生劳动产能。

7. 区域划分

本研究的就业区域主要根据我国不同区域社会经济发展状况，把我国的大学生就业区域划分为东部、中部、西部和东北四块区域。东北地区主要包括东北三省，即辽宁省、吉林省、黑龙江省；东部地主要是指东部沿海地区省份，主要涵盖北京市、天津市、河北省、上海市、江苏省、浙江省、福建省、山东省、广东省、海南省；中部地区主要是指山西省、安徽省、江西省、河南省、湖北省、湖南省；西部地区主要包括内蒙古自治区、陕西省、甘肃省、青海省、宁夏回族自治区、新疆维吾尔自治区等12个省、市和自治区。

8. 数据来源

为了对我国大学生就业区域流向的现状有一个清晰、直观的理解，除了运用国内外公开发表的各种文献资料、数据资料外，本研究所用的各种数据资料主要有2003—2015年部分高校大学生就业数据、2010年第六次全国人口普查数据、《中国统计年鉴数据》2003—2015年的数据、麦可思研究院2008—2014年大学生就业报告相关数据、人力资源和社会保障部2003—2014年季度新闻发布会相关数据。本书也采用指标（硬指标）加问卷（软指标）两个部分一起进行研究的做法，为了研究大学生就业区域流向影响因素和大学生就业区域流向成因，本书设计了"毕业生就业区域流向影响因素调查问卷""大学生就业区域吸引力调查问卷""大学生成才机会调查问卷"并获取相关数据。这是目前可以得到的较为接近我国大学生就业区域流向的数据资料。因此，本研究将利用这些资料对我国大学生就业区域流向现状、特征、影响因素等进行较为理性的观察和比较。

第二节 大学生就业区域流向的国内外理论综述

大学生就业关系到千家万户的幸福，关系到国家的安全稳定，关联到社会的和谐、可持续健康发展，一直以来都是国内外学者的研究重点和热点问题。本节将简要概述国内外学者从不同学术层面对大学生就业及大学生区域流向相关理论的探讨与反思，并对未来研究方向和趋势做出一些展望。

一、国外大学生就业相关理论研究

1. 马克思主义的就业观

马克思主义经典作家的就业观主要以资本主义生产过程中劳动力作为一种特殊的商品为切入点。马克思主义认为,在资本主义制度下,就业是指劳动力迫于社会及自身因素把自己的劳动力作为一种特定的商品出卖给资本家,通过让渡自身劳动力的使用价值而获得劳动力价值。劳动力作为某种商品贯穿流通流域、生产领域、消费领域全过程。它在生产、流通、消费中实现了自身的价值。马克思主义经典作家主要是分析劳动力的增减量,尚未完全涉及劳动力结构性变动。马克思主义经典作家侧重分析资本主义制度劳动力的演变现状。

2. 古典就业理论

古典经济学派由亚当·斯密创立,主要代表人物有大卫·李嘉图、托马斯·罗伯特·马尔萨斯和约翰·穆勒。关于就业,该理论认为,商品的经济规律如竞争规律、等价交换规律影响并最终决定劳动力的价格和报酬。它崇尚价格是影响劳动力交易的决定性因素。关于就业,该学派主张要坚持自由竞争法则,反对政府人力干预,让自由竞争这双"无形"的手来调动劳动力的流向。该学派认为,在就业过程中要把个人利益与国家利益结合起来,它坚持国家利益至上的不二法则。它坚持就业要顺从市场的调配,要保持人力资本积累的良性循环,通过推动经济增长来提升就业容量。

3. 凯恩斯关于就业的相关研究成果

凯恩斯主义经济学关于就业最大的贡献是凯恩斯所著的《就业利息和货币通论》,凯恩斯主义认为,就业的最大拉力在于国家层面的扩张性的各种经济政策,它认为经济中不存在生产和就业。凯恩斯认为就业的水平决定于社会总需求的水平,就业难点或者不饱和性主要因素是社会总供给大于社会总需求。即就业要充分,社会有效需求要充裕,政府要加大对有效需求的扶持和干预力度,采取积极的财政政策去刺激经济,增加社会投资,弥补私人有效需求不足,从而提升社会就业的总量。

4. 货币主义理论

货币主义理论关于就业的观点,主要贡献在于提出自然率假说。即在没有货币因素干预的情况下,当劳动力市场在自由竞争条件下达到均衡时,一切愿意按照市场价格出卖劳动力的人都能够就业。货币主义理论认为,就业与工资水平息息相关,工资水平高低是影响就业的根本性和决定性因素。它认为不就业可分为自愿性失业和摩擦性失业。充分就业条件下,就业人数在全体劳动力总数中所占的比例为自然就业率。自然就业率的大小取决于实际因素,即取决于一国的技术水平、风俗习惯、资源数量等,而与货币因素无关。

5. 国外相关就业文献概述

近些年来，国外学术理论界对大学生就业和流向区域问题研究比较丰富，开展得也比较多，尽管没有形成较为成熟的理论体系，主要侧重于从供给、需求以及供需匹配等方面展开，但是对我国引导大学生合理有序的区域流动仍具有非常重要的学术价值和现实参考意义。具体研究成果综述如下：

区域体对人力资本的需求与大学生就业流向呈正相关性，如乔丝·珍妮·马罗提出西班牙大学生就业与关注高科技问题联系密切。奥斯曼·凯文提出政府公共管理岗位的增加与大学生就业供给联系密切。雅克·鲍尔和杰克·默多克指出，既要加强高等教育，又要关注毕业生群体就业问题。菲利普斯认为就业率与工资增长率、通货膨胀率之间存在此消彼长的关系。经济学家刘易斯提出二元结构模型，首次系统地提出劳动力转移学说。20世纪70年代初，哈里斯和托达罗发展了劳动力流动理论，引入劳动力流动的动机分析。其认为一个劳动力的迁移、流动的原因不仅取决于城乡实际收入差距，而且取决于城市获得就业机会的可能性和就业率的高低。库兹涅茨提出，在工业化进程中劳动力需求结构变动是导致经济结构及就业结构演变的直接原因。鲁宾孙和赛尔昆提出就业结构转换理论，并提出如果劳动密集型部门得到迅速发展，则劳动力第一产业向第二、第三产业转换的速度就越快，非农产业就业潜力就越大。

国外学者在大学生就业及就业区域流向问题的理论探讨和学术研究中硕果累累，特别是更多地运用制度经济学的观点和方法来进行解释和研究。同时，国外学术界也尝试运用社会学对大学生就业进行研究。其采用一些特有的理论视角和概念框架，并且形成了一些富有建设性的理论观点，这些理论观点为我国研究大学生就业区域提供了一定的分析基础和理论支持。此外，研究大学生就业的理论还有社会支持理论、生存竞争理论等。尽管国外学者对大学生就业和大学生就业区域流向的相关研究成果丰富，也富有系统性、科学性、综合性，但由于各国的社会性质、政治、经济、科技教育、文化历史传统等差异较明显，各区域之间与区域内部的社会经济水平也不一样。所以，我们需要对国外相关理论成果进行"扬弃"。

二、国内文献综述

解决好大学生就业问题，促进大学生就业区域流向的有序发展是社会和谐稳定、经济持续健康发展的必要前提。它一直以来都是社会重点关注的一个热点和难点问题。国家也陆续出台一些促进大学生就业的法律和法规，地方政府也根据当地实际出台了一系列扶持措施。众多国内学者从各自角度对此问题展开反思和探讨，呈现出一批十分有借鉴价值的理论成果。国内学者关于大学生就业和大学生就业区域流向的研究，主要体现在对大学生整体就业现状的研究、对大学生择业倾向的研究、对劳动力市场变化的研究、对大学生就业成本核算的研究、对大学生就业流向影响因素的研究、对大学生就业过程中政策影响因素的研究上，强调地方产业结构特点变化对大学生就业区域流向的影响研究，强调大学生就业区域流向与社会资本的密切关系，强调家庭影响与大学生就业区域流向的相关性，强调中国产业结构与大学生就业结构的偏差性研究，并从东、中、西部收入差距变化趋势及原因分析，来阐述大学生就业机会上的差距。

胡鞍钢提出中国经济结构进入转型阶段，大学生就业模式向非正规化转变。郭克莎等认为随着中国工业化和城镇化的推进，要通过加快服务业发展和就业结构的优化来促进大学生就业。夏杰长等人提出中国大学生就业改善与中国产业结构和就业结构调整密切相关，大学生就业区域流向的动力源于工业化和城镇化的加速发展。周毅等人提出产业结构变动方向和变动速度之间存在正相关性。陈在余和张运华等人提出要加大社会资本的投资，以此来拉动大学生就业。叶明霞等学者认为要通过制定就业政策，以此来扩大大学生的就业潜力。范剑勇等人认为区域经济发展不均衡是影响大学生就业的主要因素。袁刚和范剑勇等人认为要加快制造业集群的形成，拉动大学生就业。裴怀娟等人认为要通过各种途径缩小地区间非农业就业机会的差距来解决大学生的就业问题。曾湘泉等人主要从就业市场的供给意愿和供给行为来探讨大学生就业问题。廖泉文等学者认为中国劳动力市场的不成熟性导致部分大学生出现就业难问题。周俊波认为大学生就业费用与就业机会之间无关联性。范湘云学者认为，大学生就业受到我国区域经济发展不平衡以及地域、专业、层次三个结构性的矛盾的影响。赖德胜等学者从城乡二元结构上探讨大学生就业问题。张福珍认为要引导大学生树立正确择业观。熊建华学者认为要从政策上加强引导，从就业信息上加强传播，引导大学生理性就业。王世斌学者主要从经济理性、社会理性、理性选择三个方面来分析大学生就业区域流向。林毅夫等学者通过分析人口普查数据探讨地区收入差异和人口流动的关系。陈海平等人以湖南省大学毕业生为样本，分析社会资本与大学生就业之间的密切联系。王桂新等人以迁移与发展——中国改革开放以来的实证来剖析劳动力在区域间迁移的主要影响因素。曾学文提出中国转型期要挖掘就业潜力，以此来带动大学生就业。牛蕊主要从国际贸易和工资角度来探讨大学生就业问题。夏杰长、李勇坚、姚战琪等学者提出政府要制定就业的公共政策来推动大学生就业。张抗等学者主要从经济学角度在对比西方国家就业问题和就业政策的基础上，重点探讨中国的就业状况，主要从经济运行、政府管理和社会发展三个层次来分析大学生就业。李军峰学者主要针对我国改革开放以来劳动力市场和就业领域的新特点、新情况，就大学生非正规性就业提出政府需要制定合适的政策，从而达到扩大就业的同时也提高就业的质量的目的。葛玉好、牟小凡、刘峰等人从大学生就业区域选择的影响因素分析，利用托达罗模型阐述了收入水平、就业机会、迁移成本及时间价值与大学生就业区域流向的关联性。凌国全从社会因素、家庭因素、学校因素、个人因素分析大学生就业区域流向问题。庆承松、葛万峰、孙祥等人从我国大学生就业区域流向的不均衡性入手，主要从各流向区域毕业生总量、各流向区域所拥有专业数量、各流向区域内部流向等角度，分析大学生就业区域流向问题。

第三章 提出问题——大学生就业区域流向现状分析

第一节 大学生就业区域流向基本概况

一、大学毕业生就业基本概况

大学生就业问题一直是党和国家高度重视的问题，也是千家万户最关心的热点问题之一，特别是1999年高校扩招以来持续迅猛上涨的高校毕业生人数和就业难度逐年上升，让大学毕业生感觉到"压力山大"。从意志风发地迈进大学校园到满眼愁容地面向就业市场，在追求理想的职业道路上，多少人奔波着、奋斗着。据教育部数据显示，2016年全国高校毕业生在765万人以上，归国留学大学生约30万人，再加上往届尚未就业的大学生，估计有超过1000万名大学生为争一口饭碗而拼搏。

按照国家统计局的数据，2015年城镇新增就业量1312万，同比下降了0.8%，预计2016年城镇新增就业人数为1200万左右。根据教育部哲学社会科学发展报告项目《中国大学生就业创业发展报告》的数据显示，2015届全国高校毕业生创业率为2.86%，这意味着97.14%的大学生都将直面劳动力市场的考验。就业与经济增长是高度相关的，GDP每增长1个百分点能拉动150万人就业。经济发展状况与大学生就业区域流向息息相关。

表3-1数据显示，全国2012年毕业生总数和普通高校数量，东部区域占绝对优势，毕业生总数达到2536166人，占全国总数比例40.6%，高校数量为956所，占全国39.1%；中部区域毕业生数为1755227人，占全国28.1%，比西部区域毕业生数多385575人；东北区域处于绝对劣势，毕业生总数为586293人，占全国9.4%。比东部区域少1949873人，高校比东部少708所，这表明全国各区域高等教育发展不均衡现状依旧存在。当前我国经济正在步入一个前所未有的新态势。一是经济增长速度呈放缓趋势，由过去的超过10%的增长逐渐放缓到7%左右，即经济增长速度呈现"换档"现象。二是随着市场经济体制改革的不断推动，改革开始步入"深水区"。国家经济结构发生了巨大的变化，产业结构升级换代，第三产业发展态势迅猛。

表 3-1　2012年分地区毕业生数

地区	毕业生数（人）	普通高校校数（所）
全国	6247338	2443
北京	155233	89
天津	113034	55
河北	315755	113
上海	136697	67
江苏	470254	153
浙江	247537	103
福建	178492	86
山东	474266	136
广东	404011	137
海南	40887	17
东部	2536166	956
东部占全国比例	40.6%	39.1%
辽宁	235984	112
吉林	146517	57
黑龙江	203792	79
东北	586293	248
东北占全国北比例	9.4%	10.2%
山西	162571	88
安徽	265477	118
江西	232048	88
河南	435308	120
湖北	353014	122
湖南	306809	121
中部	1755227	657
中部占全国比例	28.1%	26.9%
内蒙古	105054	48
贵州	85285	36
广西	162169	70
重庆	137635	60
四川	286756	99
云南	118944	66
西藏	8580	6

(续表)

地区	毕业生数（人）	普通高校校数（所）
陕西	265279	91
甘肃	102980	42
青海	11661	9
宁夏	20718	16
新疆	64591	39
西部	1369652	582
西部占全国比例	21.9%	23.8%

（数据来源：2003—2013年《中国统计年鉴》）

表3-2数据显示，三大产业在拉动国民经济生产总值中的贡献率各有不同，2003年数据显示，第一产业贡献率为3.4%，第二产业贡献率为58.5%，第三产业贡献率为38.1%。到了2012年，第一产业贡献率提高2.3%，占5.7%，第二产业的贡献率明显下降9.8%，占48.7%，而第三产业贡献率为45.6%，增幅为7.5%。从历年一二三各产业对国民经济的贡献率来看，第三产业崛起是一个不争的事实，这也表明了第三产业对人才的需求呈现上升趋势。

表3-2 三大产业在国民生产总值中的贡献率　　　　　　　　　　单位：%

年份	第一产业	第二产业	第三产业
2003	3.4	58.5	38.1
2004	7.8	52.2	39.9
2005	5.6	51.1	43.3
2006	4.8	50.0	45.2
2007	3.0	50.7	46.3
2008	5.7	49.3	45.0
2009	4.5	51.9	43.6
2010	3.8	56.8	39.3
2011	4.6	51.6	43.8
2012	5.7	48.7	45.6

（数据来源：2003—2013年《中国统计年鉴》）

表3-3反映了三大产业从业人员的数字。2003年第一产业从业人员为36546万人，第二产业为16077万人，第三产业为21809万人。到了2007年第一产业人员为31444万人，第二产业为10629万人，第三产业为24917万人。从以上数据也可以看出，第三产业发展的势头越来越好。

一是城乡区域一体化发展趋势明显增强，生产力不断提高，生产关系不断调整。二是各行业"洗牌"速度加快，某些行业如钢铁、水泥等产能过剩。三是中国经济将从要素驱动、投资驱动向创新驱动转变。四是楼市风险、股市风险、金融风险、地方债务风险不断增加。整体国家经济由过去的粗放式、规模式、高速增长转向创新、高效、低成本、可持续发展、中低速增长模式。

表3-3 按三次产业分就业人员数

年份	就业人员（万人）	第一产业（万人）	第二产业（万人）	第三产业（万人）	构成比例（%）		
					第一产业	第二产业	第三产业
2003	74432	36546	16077	21809	49.1	21.6	29.3
2004	75200	35269	16920	23011	46.9	22.5	30.6
2005	75825	33970	18084	23771	44.8	23.8	31.4
2006	76400	32561	19225	24614	42.6	25.2	32.2
2007	76990	31444	10629	24917	40.8	26.8	32.4

（数据来源：2003—2013年《中国统计年鉴》）

表3-4数据显示，我国历年高中升学率已发生了翻天覆地的变化。1978年为27.3%，到了2012年为87.0%，相比于1978年已增幅59.7%。这表明我国政府对教育的投入在不断增加，教育由精英化向大众化转变，这也充分体现了社会主义制度的优越性。这表明越来越多的高素质人才涌入劳动力市场，对用人单位而言，需求的层次自然而然日趋提升，对就业市场而言，显然整体提升了劳动者的素质。

表3-4 高中升学率　　　　　　　　　　　　　　单位：%

1978年	2000年	2008年	2012年
27.3	73.2	72.7	87.0

（数据来源：2003—2013年《中国统计年鉴》）

纵观2005—2014年间大学毕业生人数，总量稳中有增、增幅比较明显，大学生就业难问题已经成为一个不容忽视的社会问题。习近平总书记明确指出："大学生就业是民生工程，要切实做好以高校毕业生为重点的就业工作。"当前，全球生产一体化、贸易自由化、互联网深度融合，世界经济正在缓慢复苏，分化严重，风险倍增，中国经济增长正在进入一个增长动力切换和发展方式转变的新常态。2014年我国新进入市场的劳动力大约有1500万人，2016年高校毕业生大约有765万人。数量如此庞大，促进大学毕业生就业已经成为十分紧迫的问题。

表3-5数据显示了各大区域城镇登记失业人员及失业率情况。东部地区平均失业率2005年为3.48%，到2012年下降为2.92%，降幅为0.56%。东北地区2005年失业率4.73%，到了2012年为3.83%，降幅0.9%。中部地区2005年失业率为3.83%，到了2012年为3.51%，降幅为0.32%。西部地区2005年失业率为3.78%，到了2012年失业率为3.4%，降幅为0.38%。从中可以看出，各区域经济体地区经济发展情况以及就业人才市场容纳情况。以东北部黑龙江省为例，来自黑龙江省教育主管部门公布的数据显示：2005年，黑龙江

省高校研究生签约率为59.64%，本科生为31.86%，高职高专大学毕业生为24.13%，明显低于全国同期平均水平，人才配置使用率偏低，人力资本整合度较弱。东北地区人才就业情况仍然堪忧。以北京为例，2013年北京地区普通高校毕业生人数为22.9万人，北京生源普通高校毕业生8.4万人，截至2014年4月19日，北京地区高校毕业生签约率为28.24%，其中研究生签约率为36.59%，本科生签约率为26.6%，高职高专大学毕业生签约率为16.84%。两组数据做个对比，发达地区大学毕业生也同样面临就业难问题，同样面临如何优化人力资源配置的问题。从总体上看，我国大学生就业难问题日益凸显，特别是大学生结构性失业问题越来越尖锐。大学生就业区域流向不平衡性亟待合理调控。

表 3-5　分地区城镇登记失业人员及失业率　　　　　单位：万人

地区	2005	2006	2007	2009	2010	2011	2012
北京	10.6（2.1%）	10.4（2.0%）	10.6（1.8%）	8.2（1.4%）	7.7（1.4%）	8.1（1.4%）	8.1（8.3%）
天津	11.7（3.7%）	11.7（3.6%）	15.0（3.6%）	15.0（3.6%）	16.1（3.6%）	20.1（3.6%）	20.4（3.6%）
河北	27.8（3.9%）	28.7（3.8%）	29.3（3.8%）	34.5（3.9%）	35.1（3.9%）	36.0（3.8%）	36.8（3.7%）
上海	27.5（4.3%）	27.8（4.4%）	26.7（4.2%）	27.9（4.3%）	27.6（4.4%）	27.0（3.5%）	26.7（3.1%）
江苏	41.6（3.6%）	40.4（3.4%）	39.3（3.2%）	40.7（3.2%）	40.6（3.2%）	41.4（3.2%）	40.5（3.1%）
浙江	29.0（3.7%）	29.1（3.5%）	28.6（3.3%）	30.7（3.3%）	31.1（3.2%）	31.7（3.1%）	33.4（3.0%）
福建	14.9（4.0%）	15.1（3.9%）	14.9（3.9%）	15.2（3.9%）	14.5（3.8%）	14.6（3.7%）	14.5（3.6%）
山东	42.9（3.3%）	43.7（3.3%）	43.5（3.2%）	45.1（3.4%）	44.5（3.4%）	45.1（3.4%）	43.4（3.3%）
广东	34.5（2.6%）	36.2（2.6%）	36.2（2.5%）	39.5（2.6%）	38.3（2.5%）	39.8（2.5%）	39.6（2.5%）
海南	5.1（3.6%）	5.2（3.6%）	5.4（3.5%）	5.3（3.5%）	4.8（3.0%）	2.9（1.7%）	3.6（2.0%）
东部	245.6（3.48%）	248.3（3.41%）	249.5（3.30%）	262.1（3.31%）	260.3（3.24%）	266.7（2.99%）	267.0（2.92%）
辽宁	60.4（5.6%）	54.1（5.1%）	44.5（4.3%）	41.6（3.9%）	38.9（3.6%）	39.4（3.7%）	38.1（3.6%）
吉林	27.6（4.2%）	26.3（4.2%）	23.9（3.9%）	23.4（4.0%）	22.7（3.8%）	22.2（3.7%）	22.3（3.7%）
黑龙江	31.3（4.4%）	31.2（4.4%）	31.5（4.3%）	31.4（4.3%）	36.2（4.3%）	35.0（4.1%）	41.3（4.2%）

(续表)

地区	2005	2006	2007	2009	2010	2011	2012
东北	119.3（4.73%）	111.6（4.56%）	99.9（4.16%）	96.4（4.06%）	97.8（3.90%）	96.6（3.83%）	101.7（3.83%）
山西	14.3（3.0%）	15.6（3.2%）	16.1（3.2%）	21.6（3.9%）	20.4（3.6%）	21.1（3.5%）	21.0（3.3%）
安徽	27.8（4.4%）	28.2（4.3%）	27.2（4.1%）	30.1（3.9%）	26.9（3.7%）	33.1（3.7%）	31.3（3.7%）
江西	22.8（3.5%）	25.3（3.6%）	24.3（3.4%）	27.3（3.4%）	26.3（3.3%）	24.6（3.0%）	25.7（3.0%）
河南	33.0（3.5%）	35.4（3.5%）	33.1（3.4%）	38.5（3.5%）	38.2（3.4%）	38.4（3.4%）	38.3（3.1%）
湖北	52.6（4.3%）	52.6（4.2%）	54.1（4.2%）	55.3（4.2%）	55.7（4.2%）	55.1（4.1%）	42.3（3.8%）
湖南	41.9（4.3%）	43.3（4.3%）	44.4（4.3%）	47.8（4.1%）	43.2（4.2%）	43.1（4.2%）	44.1（4.2%）
中部	192.4（3.83%）	200.4（3.85%）	199.2（3.76%）	220.6（3.83%）	210.7（3.76%）	215.4（3.65%）	202.7（3.51%）
内蒙古	17.7（4.3%）	18.0（4.1%）	18.5（4.0%）	20.1（4.0%）	20.8（3.9%）	21.8（3.8%）	23.1（3.7%）
贵州	12.1（4.2%）	12.1（4.1%）	12.1（4.0%）	12.3（3.8%）	12.2（3.6%）	12.5（3.6%）	12.6（3.3%）
广西	18.5（4.2%）	20.0（4.2%）	18.5（3.8%）	19.1（3.7%）	19.1（3.7%）	18.8（3.5%）	18.9（3.3%）
重庆	16.9（4.1%）	15.4（4.0%）	14.1（4.0%）	13.4（4.0%）	13.0（3.9%）	13.0（3.5%）	12.4（3.3%）
四川	34.3（4.6%）	36.1（4.5%）	34.5（4.2%）	36.3（4.3%）	34.6（4.1%）	36.9（4.2%）	40.7（4.0%）
云南	13.0（4.2%）	13.8（4.3%）	14.0（4.2%）	15.4（4.3%）	15.7（4.2%）	16.0（4.1%）	17.4（4.0%）
西藏				2.0（3.8%）	2.1（4.0%）	1.0（3.2%）	1.6（2.6%）
陕西	21.5（4.2%）	21.5（4.0%）	21.0（4.0%）	21.5（3.9%）	21.4（3.9%）	20.9（3.6%）	19.5（3.2%）
甘肃	9.3（3.3%）	9.7（3.6%）	9.5（3.3%）	10.3（3.3%）	10.7（3.2%）	10.8（3.1%）	9.8（2.7%）
青海	3.6（3.9%）	3.7（3.9%）	3.7（3.8%）	4.1（3.8%）	4.2（3.8%）	4.4（3.8%）	4.1（3.4%）
宁夏	4.4（4.5%）	4.2（4.3%）	4.4（4.3%）	4.8（4.4%）	4.8（4.4%）	5.2（4.2%）	4.6（4.2%）

（续表）

地区	2005	2006	2007	2009	2010	2011	2012
新疆	11.1（3.9%）	11.6（3.9%）	11.7（3.9%）	11.9（3.8%）	11.0（3.2%）	11.1（3.2%）	11.8（3.4%）
西部	62.4（3.78%）	166.1（3.74%）	152（3.63%）	171.2（3.59%）	169.6（3.5%）	172.4（3.34%）	176.5（3.40%）

（数据来源：2003—2013年《中国统计年鉴》）

第二节 大学毕业生就业基本数据来源

一、大学毕业生就业区域流向基本数据来源

本课题部分数据来源：2010年第六次全国人口普查数据和《中国统计年鉴》2003—2015年的数据。调查群体主要是2013届、2014届、2015届毕业生，共发放"大学毕业生区域流动30个主要影响因素调查问卷"6000份，"大学生就业区域吸引力调查问卷"6000份，"大学生成才机会调查问卷"6000份，共回收有效样本14991份，有效率83.28%。在有效样本中，专科毕业生占27.5%，本科毕业生占63.7%，硕士生占8.5%，博士占0.3%，男生占55.8%，女生占44.2%。其中，"985"高校占7.5%，"211"占8.3%，一般本科院校（含民办、独立本科院校）占64.6%，高职占20.6%。

二、大学生就业区域流向基本情况分析

① 2003—2015年，十三年间东部地区毕业生注入量所占的比例稳中有降，中部地区毕业生流入数量呈上升趋势。东北地区毕业生流入呈逐年下降。东、中、西、东北地区在流入毕业生量的比例上的差距仍然比较显著。东、中、西、东北地区毕业生之间的流动仍然不平衡。"孔雀东南飞"现象依然十分明显。东部及东南沿海城市、沿江城市对大学毕业生的吸引力指数仍然远远大于东北部、西部地区。人才吸引指数是指某一区域对大学毕业生的吸引力的大小，计算的公式是三个指标的平均数，包括本区域的大学毕业生在外区域就学后返回本区域就业的比例、本区域就学的大学毕业生留在本区域就业的比例、非本区域生源的在外区域就学的大学毕业生回到本区域就学的比例。《2011年中国大学生就业报告》数据显示："从2008—2010年三届大学毕业生流向来看，中西部生源在东部区域就读的本科毕业生只有33.9%回到本区域就业，高职高专比例为31.3%，在中西部就学的本科毕业生（包括本区域生源和非本区域生源），有55.8%毕业后留在本区域，高职高专比例为3.7%。东部地区对人才的吸引指数为67.3%，对高职高专大学毕业生的人才吸引力指数为67.1%。"由此可见，中西部对大学毕业生的吸引

力仍然比较微弱，属于人才净流出地区，人力资源配置利用不够合理，人力资本投入产出比比较低，人才鼓励和扶持政策或措施优势不够明显，人力资源的就业环境有待进一步改善和优化。东部地区的人力资源独特优势依然存在，但与其他地区的差距有所拉近。

表3-6为全国流动人口数情况，从2000年起人户分离人口为1.44亿人，流动人口为1.21亿人。到了2012年人户分离人口为2.79亿人，流动人口为2.36亿人。短短12年间，人户分离人口增加了0.94倍，而流动人口比例增幅为95%。这也反映了城镇化进程加速，人力资本不断向城镇流动，加速人才流动的进程。大量的人口涌入城市，对大学毕业生而言是一个巨大的挑战。大学毕业生在全国各区域经济体流动就业或择业的过程中面临巨大的竞争压力。

表3-6 流动人口数

年份	人户分离人口（亿人）	流动人口（亿人）
2000	1.44	1.21
2005	—	1.47
2010	2.61	2.21
2011	2.71	2.30
2012	2.79	2.36

②大学生就业区域流动与国家发展战略息息相关。

国家"一路一带"建设、京津冀协同发展、长三角、珠三角、西部大开发、中部崛起、东北振兴战略等对大学生就业流动影响显著。传统的就业热门地区如"北广上深"等地大学生毕业流入量仍然比较大，但比例有所下降，毕业生流向中西部地区的趋势有所增强。大学毕业生在就业区域流向上受生源地、学术特点、专业特色、家庭因素、就业成本、区域经济发展情况、教育资源、就业机会等因素影响深远。大学毕业生就业区域内流向更加频繁，"孔雀东南飞"仍然有很大的市场。如东部对外输出人才的数量在逐年增加。大学生就业区域流向与区域三大产业发展质量密切相关，尤其与第三产业的发展程度息息相关。东、中、西、东北地区大学毕业生注入量或人才资本的积聚与区域内高校数量、城镇化进展、城镇人均收入及平均工资、地区生产总值、城市规模存在一定的关联性。大学生就业区域流向受到东、中、西、东北地区的生存成本、基础设施、消费水平的影响。"大众创业、万众创新"引领部分大学生投身创业浪潮中去。来自麦可思研究院的数据显示：2012届大学毕业生半年后1.2%的人自主创业，三年后有3.7%的人自主创业。大学生就业区域流向是区域人才配置的最生动的体现，是区域经济活跃度的晴雨表，它不仅关系到大学生自身及家庭的幸福生活，影响到区域经济的产业布局、结构调整，也与国家就业的宏观调控政策的制定紧密相关。

③大学生就业起薪稳中有升，趋向理性。表3-7为全国城镇单位就业人员平均工资基本变化情况。从2000年起平均工资为9333元，到了2012年平均工资为46769元，增加了4.01倍。工资水平是大学毕业生在全国各区域体流动就业或择业的第一诱因。来自麦可思—中国2010届至2012届大学毕业生社会需求与培养质量调查相关数据显示：全国2012届大学毕业生月收入为3051元，比2011届增加了282元，其中本科毕业生2012届收入为3366元，比2011届3051元增加了315元，高职高专大学毕业生2012届月平均收入为2731元，比2011届增加了249元。2011年珠江三角洲的制造业劳动力成本上涨了11%，2012年涨幅约为8%，劳动力成本上升是个不争的事实。全国各区域经济体的工资差别导致大学毕业生在这些区域流动的频率也不一样，对于大学毕业生而言，薪酬是衡量个人自身价值与社会价值的重要标志，也是其生存和生活质量改善的重要标志。各区域经济体要想留住高素质、高学历的大学毕业生，一条重要的政策或扶持措施就是要根据地区实际，不断提高大学毕业生的薪酬。

表3-7 全国城镇单位就业人员平均工资

年份	平均工资（元）
2000	9333
2001	10834
2002	12373
2003	13969
2004	15920
2005	18200
2006	20856
2007	24721
2008	28898
2009	32244
2010	36539
2011	41799
2012	46769

表3-8的数据显示东北地区城镇单位就业人员平均工资2007年为20578元，2012年为38890.3元，增幅为88.99%；中部地区2007年为20400.8元，2012年为40584元，增幅为98.93%；西部地区2007年为24982.3元，2012年为43293.1元，增幅为73.3%。从纵向看，全国各区域经济的城镇单位就业工资增幅十分显著。各区域经济体工资变化情况也会极大地影响大学毕业生在各地区择业或就业的欲望。各区域经济体要进一步出台相关工资政策，缩小工资差距，使同工不同酬现象进一步清除，推动本地区人才的会聚。

表 3-8 各地区城镇单位就业人员平均工资　　　　单位：元

地区	2012	2007
北京	84742	45823
天津	61514	33312
河北	38658	19742
上海	78673	44976
江苏	50639	27212
浙江	59197	30818
福建	44525	22277
山东	41904	22734
广东	50278	29658
海南	39485	19220
东部平均工资	54961.5	29577.2
辽宁	41858	22882
吉林	38407	20371
黑龙江	36406	18481
东北平均工资	38890.3	20578
山西	44236	21315
安徽	44601	21699
江西	38512	18144
河南	37338	20639
湖北	39846	19548
湖南	38971	21060
中部平均工资	40584	20400.8
内蒙古	46557	21794
贵州	41156	23979
广西	36386	33312
重庆	44498	22965
四川	42339	21081
云南	37629	19912
西藏	51705	42820
陕西	43073	20977
甘肃	37679	20657
青海	46483	25318
宁夏	47436	25723

（续表）

地区	2012	2007
新疆	44576	21249
西部平均工资	43293.1	24982.3

（数据来源：2003—2013年《中国统计年鉴》）

2009—2013年，大学毕业生的平均起薪分别为2130元、2432元、2766元、3048元、3402元，增幅分别为14%、17%、13.73%、10.19%、11.61%。2014年大学毕业生平均起薪为3702元，比2013年增加300元，增幅为8.82%。大学毕业生起薪与受教育程度呈正相关性，其中，2013年男生平均起薪为3579元，女生为3094元，男生比女生高485元，2014年男生比女生平均起薪高389元，这表明男女在就业环境上，公平性有所提升。调查数据显示：43.5%的大学毕业生月薪期望值为3000～4000元，其他依次为4000～5000元占27.9%，5000元以上占10.4%，2000～3000元占17.4%，1000元以下占0.8%。这表明，大学生就业月薪期望值趋向务实、理性、多元化。2014年平均月薪排在前三位的是上海4170元、北京3990元、深圳3950元，排在后三位的依次是成都2309元、南昌2210元、武汉2024元，这表明，一二三线城市薪资差距仍然较大。

④就业区域流向不平衡性显著增强，"向海性"明显。表3-9数据显示了，截至2012年全国各类普通高校在各区域经济体中的分布情况。全国而言，共有学生数为2442万人，本专科招生数为688.9万人。作为全球第二大经济体，中国拥有较为庞大的大学生群体，越来越多的人拥有获得高等教育的机会，但是与世界其他发达国家相比，在人才培养方面仍有一定的差距，美国3亿多人口，就有3000～4000所大学，中国有13亿多人口，包括职业院校在内，才有2000多所大学。到2020年，中国用人单位将需要1.42亿受过高等教育的高技能人才，而如果劳动者的技能不能进一步得以提升，中国将面临2400万的人才供应缺口。大学生数量与全国总人口数量做个平均，接受高等教育的人数就明显偏少。全国各地区分布情况，东部数据显示，学生数为955万人，占全国比例为39.1%；本专科招生数为267.8万人，占全国比例为38.9%；本专科在校生数为948.8万人，占全国比例为39.7%；本专科毕业生数为253.6万人，占全国比例为40.6%。这表明东部高等教育发展的各项指标占全国各类指标的比例约为四成，东部区域在高等教育投入、人才资源储备、人力资源可利用量以及人力资源的高学历高素质数量方面均独占榜首。而对于中部和西部而言，各项指标比例相当，中部在某些比例值方面要高于西部，如本专科招生数，中部所占比例为27.4%，比西部区域多2.8%；在本专科学生数方面，在全国所占比例方面，中部区域比西部区域多3.6%；在本专科毕业生数方面，中部区域为175.5万人，而西部区域为137万人，中部区域比西部区域多38.5万人。相比之下，东北部地区在各项指标上仍处于绝对落后状况。各项指标所占比例，东北部区域学生数为248万人，仅相当于东部区域的四分之一；本专科毕业生数，东北地区为58.6万人，

比东部区域少 195 万人。东北地区在高等教育综合发展方面仍然比较落后，在劳动力资源会聚方面仍然有待进一步提高和加强，在吸纳人才的政策方面仍有待完善。在大学毕业生求职区域意向中，2015 年东部区域占 57.8%，中部区域 36.5%，西部区域 5.7%。2014 年东部区域占 54.8%，中部区域 35.6%，西部区域 9.6%，明确想去"京津沪、广深"占 21.7%。其中一线城市占 43.8%，二线城市占 32.5%，三线及以下 33.7%。其中，有 75 万大学毕业生在广东省境内求职，占全国大学毕业生总数的 10%。2013 年东部区域占 47.8%，中部区域 32.5%，西部区域 19.7%，想去"北广上"占 12.8%。当问及"您最想去的就业省份时"，东部区域前三名是广东占 35.2%、浙江占 27.5%、上海占 19.8%，中部省份山西占 41.5%、河南占 34.2%、湖北占 17.5%、西部省份云南占 39.8%、四川占 28.5%、重庆占 19.7%。"京漂族""沪漂族"人数在不断增加。由此可见，区域经济发展水平、教育状况与大学毕业生区域流入呈"阶梯模式"，大学生就业区域流动性强，范围广，异地求职比较活跃，东部沿海、沿江地区仍然是就业大军的"主战场"，中部区域流入比例比较稳定，西部区域流入比例呈减少趋势，大学毕业生区域流动表现出显著的"向海性"，选择大中城市就业人数有所增加。截止到 2010 年，长三角 GDP 为 86313.77 亿元，占全国国民生产总值的 21.4%，吸纳劳动力就业 9039.19 万人，占全国总就业人数的 11.9%。以深圳市为例，2010 年使用户籍人口口径统计的人口规模仅为 259.87 万，但是常住人口口径统计的人口规模为 1035.8 万。珠三角、长三角仍是大学毕业生热门的就业区域。中西部大学毕业生的流出，有助于学生接触新的理念、资讯和技术，为自身发展提供更好的平台，也为子女教育和发展提供更好的机会，但是无形中增加了人力资本集聚培育发展的障碍。东、中、西部区域在人才结构优化配置上的差距不断扩大。

表 3-9　2012 年普通高校各类数据

项目 地区	学生数 （万人）	占全国 比例（%）	本专科招 生数 （万人）	占全国 比例（%）	本专科在校 生数 （万人）	占全国 比例（%）	本专科毕业 生数 （万人）	占全国 比例（%）
全国	2442	100	688.9	100	2391.4	100	624.7	100
东部	955	39.1	267.8	38.9	948.8	39.7	253.6	40.6
中部	644	26.4	189	27.2	653.9	27.3	175.5	28.1
西部	595	24.4	169.7	24.6	566.9	23.7	137	21.9
东北部	248	10.1	62.4	9.1	221.8	9.3	58.6	9.4

（数据来源：2003—2013 年《中国统计年鉴》）

⑤就业单位选择上，铁饭碗意识浓厚，优先考虑成才机会和生活城市。表 3-10 数据显示，城镇居民现金消费结构变化。如在 1990 年食品支出所占比例 54.2%，2000 年为 39.4%，而到了 2012 年为 36.2%。这表明物质支出呈现下降趋势。而以交通通信数据来看，1990 年为 3.2%，2000 年为 8.5%，到了 2012 年为 14.7%。这反映了城镇居民对于人际沟通与交流的渴望，同时也是城镇居民内心孤独的真实写照，这也反映了当代大学毕业生

在全国各区域经济体流动就业过程中首选北京、上海、广州、深圳等一线大城市或省会城市的重要诱因。因为这些城市提供了更为紧密的人际交往或沟通社会关系网，使他们能够获得精神上的满足。

表 3-10　城镇居民现金消费结构　　　　　　　　单位：%

年份＼项目	1990	2000	2012
食品	54.2	39.4	36.2
衣着	13.4	10.1	10.9
居住	4.8	11.3	8.9
家庭设备及用品	8.5	7.5	6.7
交通通信	3.2	8.5	14.7
文教娱乐	8.8	13.4	12.2
医疗保健	2.0	6.4	6.4
其他	5.2	3.4	3.9

（数据来源：2003—2013 年《中国统计年鉴》）

表 3-11 数据显示：我国每十万人拥有受教育程度人口大专及以上由 1964 年的 416 人增加到 2010 年的 8930 人，这真实地反映了我国高等教育发展的规模和质量；城镇化比例从 1964 年的 18.3% 提高到 2010 年的 49.68%；平均寿命也节节攀升。这说明人民的生活质量有了很大的提升，追求高品质生活成为大学毕业生求职的重要诱因。2015 年大学毕业生想去国企的占 43.6%，民营及个体占 14.6%，三资企业占 17%，政府及科研机构占 13%，自主创业占 11.3%，其他占 0.5%。与 2014 年、2013 年相比，相对在体制内有就业意愿的大学毕业生分别增加 4.5%、3.6%。2014 年有自主创业意愿的大学毕业生占 7.8%，2013 年为 7.3%。数据显示：34.5% 的大学生认为选择喜欢的工作比选择城市更重要，在问及"您在选择就业单位时，最看重的是什么时（可多选）"时，排在前三位的是适合自己，占 46.7%；成才机会，占 35.9%；生活质量及家庭，占 32.5%。36.8% 的大学毕业生优先考虑在所读城市就业。值得一提的是，10.5% 的大学毕业生在择业时会考虑就业单位离家庭近一点。27.8% 的大学毕业生可以接受不相关专业的单位就业。65.7% 的大学生愿意跟大学恋人去同一城市工作。41.6% 的大学毕业生认为在就业中存在各种歧视，如户籍、性别、年龄、学历背景、地域等。由此可见，部分大学生在选择就业单位时注重幸福指数、长期发展，注重就业概率，存在求稳心理和依赖心理，优先考虑自我价值的实现，注重迁徙成本、机会成本及生活质量，创业氛围还不够浓厚。

表 3-11　五次全国人口普查人口基本情况

	1964	1982	1990	2000	2010
每十万人拥有受教育程度人口大专及以上（人）	416	615	1422	3611	8930
城镇比率（%）	18.30	20.91	26.44	36.22	49.68
城镇人口（万人）	12710	21082	29971	45844	66557
乡村人口（万人）	56748	79736	83397	80739	67415
平均寿命（年）	—	67.77	68.55	71.4	74.83

⑥获取就业招聘信息途径多样化，信息化趋势增强。在2015年大学毕业生获取招聘信息的途径中，网络招聘占34.5%，其他分别是学校专场招聘占24.2%、父母及亲朋好友介绍占19.6%、实习单位提供占5.6%、职业介绍所介绍占13.1%、其他占3%。与2014年、2013年相比，网络招聘比例分别上升5.6%、6.8%。父母及亲朋好友介绍下降4.5%、3.9%。在就业招聘费用上，2015年平均费用为2085元，2014年为1879元，2013年为1766元。初次就业中45.6%的大学毕业生花费成本在1000~2000元之间，2000~3000元的占32.5%。招聘费用的逐年增加了无形中增加学生的就业成本。

表3-12数据表明，在全国各区域经济体内城镇就业率仍然有显著差别，以2007年为例，全国城镇失业率为4.1%，全国四大区域经济体中东北部的失业率最高，为4.6%，其他依次为西部4.1%、中部3.9%、东部3.3%。相对于2007年，2012年全国城镇登记失业率为4.1%，东北部城镇登记失业率仍然位居榜首，为3.8%，中部与西部持平，均为3.5%，而东部为3.0%。这表明在全国各区域经济体中，就业不均衡现象仍然十分突出。尤其是东北部面临产业结构调整，国有产业改革进入深水区，下岗职工不断增加，东北振兴战略仍然有待强化。对于中部和西部而言，西部大开发战略与中部崛起战略的实施对区域内就业率的提升有明显促进作用。东部沿海城市居多，经济发展迅速，对大学毕业生而言，仍然是择业的首选之地。调查数据显示：68.5%的大学毕业生认为就业信息不对称、混乱、不通畅是大学生就业受挫的第一原因。2015年56.56%的大学毕业生在就业时会听取父母及教师的意见。大学生就业中网络招聘、校园招聘、专业人才市场仍是人才招聘的主阵地。就业情感网络在大学生就业中比较受重视，就业咨询网络起决定性作用，就业环境网络发挥方向性指导作用。

表 3-12　城镇就业率和失业率

地区＼项目	城镇单位就业人员（万人）	占全国比率（%）	城镇登记失业率（%）
全国	15236.4（2012）		4.1（2012）
	11427（2007）		4.1（2007）

（续表）

东部	7225.3（2012）	47.4%（2012）	3.0（2012）
	5098.9（2007）	44.6%（2007）	3.3（2007）
中部	3305.3（2012）	21.7%（2012）	3.5（2012）
	2518（2007）	22.0%（2007）	3.9（2007）
西部	3350.6（2012）	22.0%（2012）	3.5（2012）
	2622.8（2007）	23.0%（2007）	4.1（2007）
东北部	1355.2（2012）	8.9%（2012）	3.8（2012）
	1187.3（2007）	10.4%（2007）	4.6（2007）

第三节　大学生就业区域流向基本特征及成因分析

具体地说，中国大学生就业区域流向主要呈现以下几个显著特征。

第一，中国大学毕业生就业区域流向将更加顺畅、活跃、主动。人类社会是人类认识和改造主客观世界的过程，是追求人和社会全面发展和全面进步的过程。莫格索尔说过："劳动是万物的基础，劳动者是支柱，他支撑着文明与进步的结构和它那辉煌的穹隆。"毛泽东同志曾经说过："社会主义制度的建立给我们开辟了一条到达理想境界的道路，而理想境界的实现还要靠我们的辛勤劳动。"实现中华民族伟大复兴的中国梦，建成全面小康社会只有进行时没有休止符。社会主义市场经济的确立和发展推动中国经济持续、健康发展。在计划经济时代形成的户籍制度、就业机制体制和城乡二元结构将不断被调整、补充、修正。人为地割裂就业"篱笆""围墙"将被逐步破除。等价交换、公平竞争、自由流动的市场就业法则将逐步完善。在社会主义市场经济下，它遵循着商品价值规律、供求规律和交换规律，大学生就业区域流动将更加活跃、积极、主动，更加顺畅，不仅能流动，还流动地更活、更快、更顺。而且大学生就业区域流动有其自身规律，即一部分大学生的区域流动将引发另一部分大学生区域流进或流出。经过多次循环反复，达到回归性和反复性的统一。预计到21世纪中叶，大学生就业区域流动率将超过30%。东部、中部区域流动率达到20%是有可能的。

第二，大学生就业区域流向平衡性较强。社会稳定时大学生就业区域流动主要是经济动因。东、中、西部区域经济发展的不平衡性、不同步性导致大学生就业流动区域趋向就业机会更多、就业成本更大、就业空间更大的地区。据不完全统计，上海、广州、深圳等城市的当地常住居民中，约40%是流动人口，进入21世纪，珠三角、长三角地区成为大学生就业区域流动的主方向。经济发展、快速、城镇收入水平高、人均GDP高，更有可能是大学生流入的主诱因。如2015年人均GDP超1万美元的北京、天津、上海、浙江、江苏等地都是大学生就业流动的主要区域。未来二三十年，大学生就业区域流动的大趋势仍然是可预测的，即西部人才不断涌入中部和东部地区，京津冀、珠三角、长三角地区仍然是大学生的流动集散地。大学生就业区域流向将更加"集中化"。地区经济发展越强劲，人才聚积越强烈，人才资源越集中，区域经济发展的动力越强。因为某些发达地区吸引大学生聚集，能够促进该地区服务发展空间的扩大。而地区经济的优势聚集于一个特定的空间，又能够提供更多产业集群、产业技能群的劳动力市场，从而确保较低的失业概率，并降低劳动力出现饱和的可能性。

大学生就业区域流向在选择上将有更多的机会，有多元化就业区域选择的可能。大学生就业区域流动的发展趋势将在某种程度上改变中国各区域劳动力"配置"的数量与结构，促进区域经济的和谐发展。

第三，欠发达农村生源地大学生将向较发达城市流动，推动中国城镇化发展进程。科学技术是第一生产力，人类的历史就是一部认识世界和改造世界的历史，也是一部掌握和运用科学技术的历史。随着我国"三农"政策的不断完善，科学技术的迅猛发展，我国传统农业不断向现代农业转变，表现为各种资金、技术、土地、劳动力等生产要素的集体化和各种农业资源的市场化。在改革开放之前，国家主要实行大学生统包统配政策，大学生就业区域流向相对比较固化，农村欠发达地区仍有一定的就业空间，改革开放后，各种阻碍大学生就业区域流向的因素被不断地打破，欠发达地区大学生逐渐向发达地区非农产业转移。大学毕业生可以相对自由地进城择业。随着国民经济的发展，劳动力由第二产业向第三产业转移，广大大学毕业生群体进入城市从事非农产业，这是一个国家经济发展层次的重要标志。如大家常说的：一家一个大学生就业解决温饱，两个大学生就业实现小康，三个大学生就业达到富裕。未来二三十年，大学生由欠发达农村地区向发达城市流动将成为一个必然趋势。农村大学生向大中城市流动加速，将使城镇化进程加速，而城镇化的不断发展又将促进大学毕业生就业流向区域的就业规模的扩大和结构的调整。诺贝尔经济学奖获得者斯蒂格利茨说过："中国的城市化与美国的高科技发展将是深刻影响21世纪人类发展的两大主题。"到21世纪中叶，中国有可能出现数十个常住人口超2500万的特大城市群。中国城镇化水平有可能达到80%。

第四，不同区域间大学生就业流动将形成双向迁移模式。按照拉文斯坦的人口迁移理论，人口迁移在形成主流的同时，也将形成逆向副流。各区域城市对大学生流入、融入存在经济成本、福利待遇、户籍制度以及文化心理融合等方面的诸多障碍，使得相当一部分大学生流动较频繁，甚至出现"候鸟式"迁移。随着大学毕业生数量的逐年增加，大学生就业流动将更加明显，东、中、西部相互流动，城乡间双向流动。将进一步加快各种资本的流动。它一方面有可能对迁入地区的社会、经济、文化等产生某些压力，但另一方面人才资本的大量聚积，有利于缩小区域经济发展差异，有利于缩小城乡发展的差异，促进各区域、城乡间均衡、可持续发展。

第五，大学生就业流动区域的集中受国家及地方就业现实、就业政策的影响较大。一方面，国家层面不断完善各类就业政策，为大学生就业区域流动提供了各种政策保障，如户籍制度"松绑"、城乡二元结构逐渐瓦解、社会保障体系不断完善等。但另一方面城区的各种配套政策对大学生就业流动影响深远，如地方就业优惠配套政策，就业信息渠道通畅与否，就业相关体制机制，就业过程的机会成本、求职成本、技术支持、就业融资状况等。随着大学毕业生数量的增加，人才结构已不断优化，由于教育程度、教育水平、适应能力不同，各区域间流动也会产生不同的特点。那些文化素养较高，就业技能较强，就业资本较充裕，就业心理素质较硬的大学生就有了更多的流动资本。流入城市人才聚积的程度越高，发展就有充裕的人才资源。随着大学生就业流动规模的扩大以及强度的不断加大，就业资源将实现更加优化配置。因此，这将使未来大学生就业流动形成更大的人才流动网，对实现中华民族伟大复兴的中国梦，实现全面建成小康具有重要的现实意义。

第四章 实证研究——大学生就业区域流向相关影响因素分析

第一节 外部拉力：社会资本——劳动力市场面临的现状与大学生就业区域流向

国内外经济发展整体呈现缓和态势，它对大学生就业区域间流动产生不可估量的影响。中国经济是世界经济的重要组成部分，受国际经济环境影响，近些年中国经济发展也遭遇到巨大的挑战，整体经济稳中有降，经济结构处于不断调整之中。2015年10月18日，习近平总书记在接受路透社采访时指出："中国经济发展进入新常态，正经历新旧动能转化的阵痛，但中国经济稳定发展的基本面没有改变。经济结构的调整对不同专业的大学生就业区域流动影响较大，比如，就业区域经济结构不同，对大学生专业需求数量和质量也不同，区域经济整体发展规模及进步程度不同，对大学生需求的能力要求也不同，特别是随着传统产业的不断没落，新兴产业的不断涌现，各行各业都面临着优胜劣汰。"

表4-1显示，改革开放以来我国的就业产业结构发生了翻天覆地的变化。1978年我国第一产业、第二产业、第三产业的比例分别为70.5%、17.3%、12.2%。而到了2012年我国三大产业结构以及所占比例已经比较均衡了，分别为33.6%、30.3%、36.1%，尤其是第三产业的比例比1978年扩大了近3倍，这表明第三产业已经成为我国大学毕业生就业的重要渠道。这在一定程度上也反映了我国经济发展进入一个新的阶段。

表4-1 就业的产业结构比例图　　　　　　　　单位：%

年份 就业产业结构	1978年	1990年	2000年	2012年
第一产业	70.5	60.2	50.0	33.6
第二产业	17.3	21.4	22.5	30.3
第三产业	12.2	18.5	27.5	36.1

表 4-2 显示，我国国内生产总值在 2012 年已达到 1421.8 亿元，而在 1978 年我国国内产值为 10 亿元，国民经济飞速发展为我国大学毕业生就业提供了更多的岗位，也使大学毕业生在全国各区域体内流动就业有了更多的选择权。而从表 4-3 我们可以得到，我国产业结构的比例在改革开放以后发生了显著变化。第一产业的比例在 1978 年为 28.2%，而到了 2012 年为 10.1%，下降 18.1%；而第三产业在 1978 年为 23.9%，到了 2012 年增长到 44.6%，增长 20.7%；第二产业总体趋于稳定，与 1978 年相比，2012 年反而有所减少。

表 4-2 我国国内生产总值

国内生产总值（亿元） 年份	1978 年	1990 年	2000 年	2011 年	2012 年
第一产业	2.8	13.9	40.9	130.1	143.5
第二产业	4.8	21.1	124.8	603.9	644.3
第三产业	2.4	16.1	106.1	562.2	634.0
合计	10	51.1	271.8	1296.2	1421.8

表 4-3 我国国内生产总值产业结构

国内生产总值产业结构（%） 年份	1978 年	1990 年	2000 年	2012 年
第一产业	28.2	27.1	15.1	10.1
第二产业	47.9	41.3	45.9	45.3
第三产业	23.9	31.5	39.0	44.6

国内国有企业改革进入"深水区"，重组步伐加快，落后产能不断遭到淘汰，各种就业结构性矛盾日益突出，就业难度越来越大，大学生就业区域间流动面临的风险也在不断增加。市场经济体制改革不断推动和经济转型升级对大学生区域间流动就业影响显著。特别是区域经济体内国有企业就业趋向饱和甚至过剩，民营企业、外资企业尤其是一些微型、小型、中型企业人才需求出现新的变化，但部分企业为控制成本、适应市场竞争需求，进行了大量的减员。这在一定程度上降低了大学生区域流动的频率。此外，但部分企业在招工过程中出现各种歧视现象，部分企业在用人方面出现违反《中华人民共和国劳动法》《中华人民共和国合同法》等现象，这在很大程度上破坏了大学毕业生在全国各区域经济体流动就业或择业的稳定性和持续性，使他们处于不安全、不稳定的状态。

第二节 外部驱力：区域吸引力——区域经济发展与大学生就业区域流向

大学生就业区域与所学专业、学校特点呈现正相关性。与各区域经济体、经济结构、三大产业发展程度密切相关。

表4-4数据显示了2003—2012年十年间东部、中部、东北部、西部各地区生产总值的不同数值，东部地区2003年产值为76964.87亿元，东北部为12722.02亿元，中部为25870.88亿元，西部地区为23696.32亿元。到了2012年，东部地区产值为295892.04亿元，东北部为50477.25亿元，中部地区为116277.75亿元，西部地区为113904.8亿元。从以上数据可以看出，东部经济发展态势依然十分强劲，仍傲然领跑于其他地区；东北部地区略有上升，但仍发展迟缓；中部地区发展有所提高；西部地区发展步伐加快。这也表明西部大开发战略对西部发展的重要推动作用，反映了各地区人才会聚情况存在差异。

笔者梳理了国内近100所高校毕业生近10年的流向，结果发现，大学毕业生所学专业、学校综合特点与注入地区的产业结构有一定的契合度。以东北地区为例，2015年吉林大学毕业生在省内就业的占60%以上，这与大学专业与地区经济发展重点相吻合，如能源、粮食、航天、运输等专业。长三角、珠三角、京津冀地区，尤其是北、广、上、深地区仍然是就业的主要热门地区。中部人才流入量逐年增长，东北地区人才外溢比较明显。广东作为东部地区经济发达的省份，人才积聚功能显著。2013—2015年间广东高校应届生人数分别为44.1万、47.2万、51.9万，人数逐年递增。2014年广东省求职的大学生（含往年暂未就业）大约为75万人，而到了2015年广东省求职人数达到80万人，约占全国大学毕业生数的十分之一。《2016应届生调研报告》（前程无忧网发起）发起了对2016届大学毕业生的3095份调查问卷和对企业的1661份调查问卷，结果显示，上海、深圳、广州、北京、苏州、杭州以及武汉、成都是大学生求职的热门城市。蚂蚁金服基于互联网的《大学生流向报告》通过分析2011—2015年大学毕业生的数据，得出广东、上海毕业生85%留在本省就业。广州输出的毕业生数量为全国之最，过去5年，59%的毕业生选择离开学校所在城市，省内迁移占一半。在全国大学生迁移过程中，超过50%流入东部地区，尤其是中西部人才溢出现象明显。大学生净流入量排名前3名的为广东（12.61%）、浙江（4.64%）、上海（1.71%）。数据显示，湖北、湖南的大学毕业生迁移省外活跃度位居全国前2名，中部地区大学毕业生积聚能力仍有待提高。2015年安徽省流入学生数居全国第11位，主要来自江苏省、上海市和湖北省。北京流出量全国第二，流入量全国第一。2014年陕西省已毕业的大学生在省内就业的最多，有158540人，占已毕业生总数的64.83%。在西部地区（除陕西外）就业的大学毕业生为22699人，占9.28%。

在中部地区就业的毕业生为 20808 人，占 8.51%。在东部地区就业的毕业生为 41613 人，占 17.02%。2015 年福建的流入学生数在全国排在第 9 位，主要来自江西、江苏和湖南。2013 年智联招聘通过对全国 692 所高校的 19163 名 2011 届大学生就业流向进行调查，数据显示，大学生毕业最想去的城市排在前五名的为北京、上海、广州、深圳、成都，五者比例占 49.6%，35.7% 的应届生选择回家乡就业，24.8% 的学生选择去省会城市就业。

表 4-4 地区生产总值

单位（亿元）

地区	2003	2004	2005	2006	2007	2008	2009	2010	2011	2012
北京	5023.77	6060.28	6886.31	7861.04	9353.32	11115	12153.03	14113.58	16251.93	17879.4
天津	2578.03	3110.97	3697.62	4344.27	5050.4	6719.01	7521.85	9224.46	11307.28	12893.88
河北	6921.29	8477.64	10096.11	11515.76	13709.5	16011.97	17235.48	20394.26	24515.76	26575.01
上海	6694.23	8072.83	9164.1	10366.37	12188.85	14069.87	15046.45	17165.98	19195.69	20181.72
江苏	12442.87	15003.6	18305.66	21645.08	25741.15	30981.98	34457.3	41425.48	49110.27	54058.22
浙江	9705.02	11648.7	13437.85	15742.51	18780.44	21462.69	22990.35	27722.31	32318.85	34665.33
福建	4983.67	5763.35	6568.93	7584.36	9249.13	19823.01	12236.53	14737.12	17560.18	19701.78
山东	12078.15	15021.84	18516.87	22077.36	25965.91	30933.28	33896.65	39169.92	45361.85	50013.24
广东	15844.64	18864.62	22366.54	26159.52	31084.4	36796.71	39482.56	46013.06	53210.28	57067.92
海南	693.2	798.9	894.57	1031.85	1223.28	1503.06	1654.21	2064.5	2522.66	2855.54
东部	76964.87	92822.73	109934.56	128328.12	152346.38	186416.58	196674.41	232030.67	271354.75	295892.04
辽宁	6002.54	6672	7860.85	9214.21	11023.49	13668.58	15212.49	18457.27	22226.70	24846.43
吉林	2662.08	3122.01	3620.27	4275.12	5284.69	6426.1	7278.75	8667.58	10568.83	11939.24
黑龙江	4057.4	4750.6	5511.5	6201.45	7065	8314.37	8587.00	10368.60	12582.00	13691.58
东北部	12722.02	14544.61	16992.62	19690.78	23373.18	28409.05	31078.24	37493.45	45377.53	50477.25
山西	2855.23	3571.37	4179.52	4714.99	5733.35	7315.4	7358.31	9200.86	11237.55	12112.83
安徽	3923.1	4759.32	5375.12	6131.1	7364.18	8851.66	10062.82	12359.33	15300.65	17212.05
江西	2807.41	3456.7	4056.76	4670.53	5500.25	6971.05	7655.18	9451.26	11702.82	12948.88

（续表）

地区	2003	2004	2005	2006	2007	2008	2009	2010	2011	2012
河南	6867.7	8553.79	10587.42	12362.79	15012.46	18018.53	19480.46	23092.36	26931.03	29599.31
湖北	4757.45	5633.24	6520.14	7581.32	9230.68	11328.92	12961.1	15967.61	19632.26	22250.45
湖南	4659.99	5641.94	6511.34	7508.87	9200	11555	130.59.69	16037.96	19669.56	22154.23
中部	25870.88	31616.36	37224.3	42969.6	52040.92	64040.56	70577.56	86.109.38	104473.87	116277.75
内蒙古	2388.38	3041.07	3895.55	4841.82	6091.12	8496.2	9740.25	11672	14359.88	15880.58
贵州	1426.34	1677.80	2005.42	2338.98	2884.11	3561.56	3912.68	4602.16	5701.84	6852.20
广西	2821.11	3433.5	4075.75	4828.51	5955.65	7021	7759.16	9569.85	11720.87	13035.1
重庆	2272.83	2692.81	3066.92	3452.14	4122.51	5793.66	6530.01	7925358	10011.37	11409.6
四川	5333.09	6379.63	7385.11	8637.81	10505.3	12601.23	14151.28	17185.48	21026.68	238.72.8
云南	2556.02	3081.91	3472.89	3981.31	4741.31	5692.12	6169.75	7224.18	8893.12	10309.47
西藏	189.09	220.34	250.21	291.01	342.19	394.85	441.36	507.46	605.83	701.03
陕西	2587.72	3175.58	3772.69	4520.07	5465.79	7314.58	8169.8	10123.48	12512.3	14453.68
甘肃	1399.83	1688.49	1933.98	2276.7	2702.4	3166.82	3385.56	4120.75	5020.37	5650.2
青海	390.2	466.1	543.32	639.5	783.61	1018.62	1081.27	1350.43	1670.44	1893.54
宁夏	445.36	537.16	606.26	710.76	889.2	1203.92	1353.31	1689.65	2102.21	2341.29
新疆	1886.35	2209.09	2604.19	3045.26	3523.16	4183.21	4277.05	5437.47	6610.05	7505.31
西部	23696.32	28603.48	33612.29	39563.87	48006.34	60447.77	66971.48	81408.49	100234.96	113904.8

（数据来源：2003—2013年《中国统计年鉴》）

第三节 外部推力：区域吸引力——国家发展战略、区域城镇化进程与大学生就业区域流向

大学生就业区域流向受国家发展战略影响明显。2014年12月9日至11日召开的全国经济工作会议，提出重点实施"一带一路"建设，京津冀协同发展、长江经济带战略。西部大开发战略、长三角区域规划、海峡西岸经济区、北部湾经济区、关中—天水经济区、东北振兴战略、江苏沿海经济区、鄱阳湖生态经济区、长吉图开发开放先导区、海南国际旅游岛规划、沈阳经济区、山东半岛蓝色经济区发展规划、浙江海洋经济发展示范区规划、中原经济区、郑州航空港区、赣南苏区振兴发展、河北沿海地区发展规划等系列国家发展规划的全面启动，对大学生就业区域流向起到很好的导向作用。

表4-5显示了2012年全国地级及以上城市数。它反映了各区域体内城镇化进程及城镇化发展程度，东部地区共有87个城市，占全国30.45%，其中400万以上人口的城市为12个（全国为14个），占全国85.71%；200万~400万人口的城市为21个（全国31个），占全国的67.74%。东北部地区共有34个城市，占全国11.76%，其中400万以上人口的城市为2个，占全国14.29%；200万~400万人口的城市为2个，占全国6.45%。中部地区城市为80个，占全国27.68%，其中400万以上人口的城市有3个，占全国21.43%；200万~400万人口的城市为7个，占全国22.58%。西部地区400万以上人口的城市为3个，占全国21.43%；200万~400万人口的城市为4个，占全国12.90%。这也反映了东部地区仍然是城市集群地，城镇化进程非常迅速，其他地区仍需努力。

表4-5 全国地级及以上城市数（2012年）　　单位：个

全国地级及以上城市	合计299	400万以上人口	200万~400万人口	100万~200万人口	50万~100万人口	20万~50万人口	20万以下人口
全国	289	14	31	82	108	50	4
北京	1	1					
天津	1	1					
河北	11		2	2	7		
上海	1	1					
江苏	13	1	7	3	2		
浙江	11	1	1	3	5	1	
福建	9		1	3	1	4	
山东	17		5	8	4		
广东	21	2	2	7	6	4	

(续表)

全国地级及以上城市	合计 299	400万以上人口	200万~400万人口	100万~200万人口	50万~100万人口	20万~50万人口	20万以下人口
海南	3			1	1		
东部	87	12	21	23	22	9	
辽宁	14	1	1	2	9	1	
吉林	8		1	1	4	2	
黑龙江	12	1		2	7	1	1
东北部	34	2	2	5	20	4	1
山西	11	1	2	5	3		
安徽	16		2	6	6	2	
江西	11		1	2	5	3	
河南	17	1		8	6	2	
湖北	12	1	1	3	5	3	
湖南	13		1	4	6	2	
中部	80	3	7	28	31	11	
内蒙古	9			3	3	3	
贵州	6		1	1	2	2	
广西	14		1	6	4	3	
重庆	1	1					
四川	18	1		11	5	1	
云南	8		1		3	3	1
西藏	1				1		
陕西	10	1		2	6	1	
甘肃	12		1	2	3	5	1
青海	1				1		
宁夏	5						
新疆	2		1			1	
西部	82	3	4	26	27	20	2

(数据来源：2012年《中国统计年鉴》)

表 4-6 反映了五年来全国各区域经济体内人均地区生产总值情况。数据显示：东部地区 2008 年人均地区生产总值为 412504 亿元，到了 2012 年为 625329 亿元；东北部人均地区产值为 77000 亿元，2012 年为 135775 亿元；中部地区 2008 年为 109040 亿元，2012 年为 194771 亿元；西部地区 2008 年人均地区生产总值为 211703 亿元，2012 年为 389114 亿元。这表明西部地区增速较快，人力资源的利用率较高，人力投入产出比较高，

东北部地区人均产值增速仍然缓慢,人力资源投入产出比较低,需要发挥主观能动性与积极性促进人才的会聚。

表4-6 人均地区生产总值　　　　　　　　单位:亿元

地区	2008	2009	2010	2011	2012
北京	64491	66940	73856	81658	87475
天津	58656	62574	72994	85213	93173
河北	22986	24581	28668	33969	36584
上海	66932	69164	76074	82560	85373
江苏	40014	44253	52840	62290	68347
浙江	41405	43842	51711	59249	63374
福建	29755	33437	40025	47377	52763
山东	32936	35894	41106	47335	51768
广东	37638	39436	44736	50807	54095
海南	17691	19254	23831	28898	32377
东部	412504	439375	505841	579356	625329
辽宁	31739	35149	42355	50760	56649
吉林	23521	26595	31599	38460	43415
黑龙江	21740	22441	27076	32819	35711
东北部	77000	84191	101030	122039	135775
山西	21506	21522	26283	31357	33628
安徽	14448	16408	20888	25659	28792
江西	15900	17335	21253	26150	28800
河南	19181	20597	24446	28661	31499
湖北	19858	22677	27906	34197	38572
湖南	18147	20428	24719	29880	33480
中部	109040	118967	145495	175904	194771
内蒙古	34869	39735	47347	57974	63886
贵州	9855	10971	13119	16413	19710
广西	14652	16045	20219	25326	27952
重庆	20490	22920	27596	34500	38914
四川	15495	17339	21182	26133	29608
云南	12570	13539	15752	19265	22195
西藏	13824	15295	17319	20077	22936
陕西	19700	21947	27133	33464	38564
甘肃	12421	13269	16113	19595	21978

(续表)

地区	2008	2009	2010	2011	2012
青海	18421	19454	24115	29522	33181
宁夏	19609	21777	26860	33043	36394
新疆	19797	19942	25034	30087	33796
西部	211703	232233	281789	345399	389114

第四节 内部动力：成才机会——大学生就业动机、就业心理与大学生就业区域流向

社会经济转型升级对大学生综合能力的要求越来越全面，当前大学生群体中出现了各种问题，如低层次、单一性，尤其是部分大学生在认知上产生偏差，如学历贬值论、学历无用论、学得好不如嫁得好、学得好不如家境好、学得好不如长相好、学得好不如混得好等。近几年，在毕业生就业数据中出现了数据倒挂现象，专科生、中专生就业率高，本科生就业率偏低，博士、硕士生就业质量较高，部分用人单位对人才盲目崇拜、追求高学历，不切合实际地追求高端人才，冷落了中低端人才，人为地增加了就业的难度。

表4-7数据显示，我国城镇登记失业率在1978年为5.3%，而在2015年为4.05%，表面上只减少了1.25%，实质上它反映了整个就业质量结构层次的变化。改革开放以来，人口数量的剧变，传统的统包统分的就业模式早已被自主择业、双向选择、优胜劣汰的就业模式取代。另一方面，国内外整体经济形势也发生了许多变化，城镇登记失业率的降低表明了政府的努力是有成效的。我国失业率的增幅明显放缓，1978—1991为1.9%，1991—2001为0.3%，2001—2012年为0.5%，这也说明我国经济发展态势良好。

表4-7 城镇登记失业率　　　　　　　　　　　　单位：%

1978年	1990年	2000年	2008年	2012年	2015年
5.3	2.5	3.1	4.2	4.1	4.05

（数据来源：2003—2013年《中国统计年鉴》）

大学生在区域流动中出现就业或求职偏差，需要引起警惕。一方面大学生在择业中普遍存在盲目性、攀比心理等，"等、靠、要"和观望心理日甚，时刻在抱怨找不到满意工作；另一方面用人单位又招不到合适的人，甚至招不到人，部分大学毕业生一门心思想在大城市、大公司、大企业中就职。部分大学毕业生非公办单位不去，只注重待遇、享受，不肯吃苦，不愿辛苦。部分大学生只想去东部沿海城市发展或去发达城市发展，不愿去中西部城市谋生，那些内陆的中小城市，偏远的老、少、边地区比较辛苦的行业、基层地方想招人又招不到，想要也要不到，要到了也留不住，留下来也难以安心工作，

安心工作时间上也不长久，长此以往，区域间人才流动更加不平衡，人才失序、失范现象突出。

区域间流动的大学生的自身能力与用人单位的需求不匹配。社会发展信息化程度越来越高，对人才的质量、结构、数量、类型、能力、素质要求越来越多元。尤其是对毕业生的择业动机、职业能力、职业道德、职业品质要求越来越全面，越来越高。不少用人单位在择才过程中不仅仅注重个人专业素养，更注重人品、事业心、忠诚度、进取心、积极性、主观能动性。那些既掌握一定技能，又懂得做人做事的人更会被用人单位青睐。近十年来大学毕业生的数量不断增加，每年又累积了大量未就业的往届生。国企转型升级过程中下岗职工不断增加，流动中的农民工，部分被民企、外企裁员的人才，形成一股巨大的人才流。大学毕业生就业的形势越来越严峻，就业途径越来越狭窄，就业的机会越来越少，就业的形势也越来越紧迫。近些年国家出台了大量促进大学毕业生就业的政策、保护大学生就业的法律法规，并启动西部大开发战略，中部崛起、振兴东北计划，包括"三支一扶"、大学生选调、选聘生计划，部队入大学选拔士官计划，鼓励"大众创业、万众创新"，但区域间流动的大学生就业压力依然很大，就业门槛依然不低，就业渠道依然较少。尤其是 2017 年中国一些传统行业去产能，如钢铁、煤炭、水泥等。粗略估算 2~5 年内有近 100 万人可能面临下岗的困境。2017 年大学毕业生人数为 765 万人，比 2016 年增加 16 万人。大学毕业生就业动机与就业心理与大学毕业生就业区域流向存在一定的正关联度。

第五章 采取措施——大学生就业区域流向引导策略研究

第一节 构建通畅的大学毕业生就业信息基础建设工程

全国大学生就业信息基础工程，它是以政府为主导，利用先进的互联网技术，在全国范围内传输大学生就业信息和其他资讯的互联网络。它能够把劳动力市场供求资讯、政府关于就业的法律方针政策、企业的基本信息连为一体。它的建设性构建能产生革命性的意义。它的基本作用是为大学生提供一种既形象直观、深度参与又值得推崇的就业价值方法，提升大学生的就业品质和价值，让大学生在就业上拥有更为自主、更为通畅、更加便捷、更加实用的就业信息高速网。

大学生就业信息基础建设工程涵盖有线和无线网络、计算机和其他信息设备以及大学生就业网络化信息和设备。它以政府为主导，以高校、企业为支持，为大学生提供丰富、实用、便捷的就业资讯，让各区域内劳动力供求资讯一览无余。中国互联网络信息中心所发布的《中国互联网络发展状况统计报告》（2015年1月）显示，截至2014年我国域名总数为2060个，网站总数为335万个，年增长4.6%，网页总数为1899万个，年增长26.6%，通过台式电脑和笔记本电脑接入互联网的比例分别为30.8%和43.2%，通过手机接入互联网的比例继续增高，较2013年提高48%，高学历（本科及以上学历）网民使用率为51%。截至2014年12月，我国网民规模为6.49亿人，全年共新增网民3117万人，我国手机网民规模为5.57亿人，较2013年增加5672万人。网民中使用手机上网的人群占比由2013年的81%提升到85.8%，中国31个省、自治区、直辖市（港、澳、台除外）中网民数量超过千万规模的有25个，互联网普及率超过全国平均水平的省份有12个，各区域经济体内，东部10个省市有8个省超全国平均水平，中部6个省仅有1个省，西部12个省仅有2个省，东北部3个省仅有1个省。各区域体内互联网普及率差异很大。构建全国大学生就业信息基础工程就是利用互联网的便捷，使全国各区域体内大学生具备传输、储藏、处理、交换、共享就业信息的能力，使全国大学生无论在任何时间、任何地点，只要有网络就能进行就业资讯的互通互联。我们不应把大学生就业信息供应作为发展的最终目的，而应当把它作为一种被用来创造就业价值的增强就业能力、提升就业品质的工具。众所周知，在过去的十年中，美国经济的增长40%以上均归功于信息技术的发展。通过构筑大学生就业信息基础工程，大学生可以自由自在了解全国劳动力市场资讯，并同全国其他区域内求职大学生一道互通有无。大学生可以随时知晓全国各区域各企业的招聘动态，并通过网络与其他求职大学生畅通无阻地探讨并解决就业中所碰到的困境，通过使用互联网可以尽可能便捷地实现岗位的人职匹配。各企业可以通过这个平台在互联网上发布招聘信息，提高招聘效率。构建大学生就业信息基础工程，我们的关注点不仅仅是技术的完美运用，更多的是为大学生就业信息服务。要通过互联网技术的不断创新，建设一个真正的"大学生就业村"。

在为构筑大学生就业信息基础工程可能带来的潜在的巨大价值欢欣鼓舞的同时，我们也要现实地面对它可能带来的道德和法律风险。大学生就业信息基础工程的构筑有利于大学生收集、储存、交换、共享就业资讯，企业招聘信息变得更加便捷，个人隐私也有可能遭遇某种风险。尤其是针对恶意攻击和盗窃，我们要早做准备，要采取切实可行的措施来降低大学生就业信息工程的潜在风险，要鼓励各方共享就业资讯，使其获得更多自由便利的选择、更多完整的项目和更贴切的先进服务，并保证全国的大学毕业生能够受益于这个项目。如果能够对大学生就业信息基础工程这个项目进行创造性运用，我们就能革新大学生就业的方式。

通过这个就业工程，政府可以全程获取各区域体内大学生就业活动的基本概况，企业可以发布最新的招聘动态，并与其他企业互相交流，与大学毕业生保持更紧密的联系。而大学毕业生可以通过互联网进入各企业并了解其概况、招聘要求，还可以与全国其他大学毕业生一起分享招聘的心得。简而言之，构筑大学生就业信息基础工程，能够使大学生接触到国家就业的各种法律、方针、政策，了解招聘资讯，让他们加入高校围墙之中的"就业者社区"并进行更为积极主动的求职。通过构筑大学生就业信息基础工程，为大学生在各区域体间求职提供更多选择，让大学生能够根据自身实际，实现就业性价比的最优化，各招聘主体可以使用这个就业信息工程，提高招聘的效能，加强与政府、高校之间的联系，为大学生提供所需的岗位，并运用他们的专业技能最大限度地开发大学生的就业潜能。

1. 要用大学生就业信息工程服务大学生

为了加速构筑大学生就业信息工程，就需要以政府为主导，在制定一系列政策原则的基础上，要求各招聘方主体依托法则进行自我管理和规范。政府的参与不是包办，而是适度，参与的目的是建设合法的、可规范的、可操作的、单纯的、可持续的网络环境，促进大学生就业信息基础工程的发展。政府要对各招聘主体进行必要的管理，使他们明确自身的权利和义务，要引导招聘行为，要求用人单位明确提供清晰的招聘资讯，以及如何招聘、招聘后续工作是什么，要对各招聘方提供人才岗位的合法性、规范性、准确性进行必要的审查，并明确告知各招聘方未经求职大学生许可，不得随意处置涉及大学生个人隐私的信息，要与各高校、大学生紧密合作，防止大学生求聘失真行为的发生，还要提供一些必要的过滤软件和隔离软件，尽量防止招聘欺诈行为的发生。政府要通过构建大学生就业信息基础工程使其在大学生就业工作服务方面更加有效能，更加公开，更加透明。政府工作要更加实用，减少重复性、无效性的工作成分，更好地为劳动力供需方提供服务。政府要经常性地收集大学生就业信息基础工程运行过程中的信息，积极了解求职大学生在网络上享受的政府服务；要建立大学生求职库和招聘主体招聘库，为劳动力供求双方搭建更好的服务平台；要不断提升大学生就业信息工程的普及率，努力让每一个求职大学生能够享受到互联网的便捷服务；要出台相应的奖罚方案，与各方紧密合作，拓宽服务范围，并为大学生提供看得见的贴身培训服务；要加强顶层设计，全国一盘棋，克服地域障碍，使全国各地的求职大学生能够进行便捷化交流；要创建全国性的就业供求资讯网络；要采用网格管理办法，把求职大学生、招聘方主体、高校、就业专家、其他为大学生就业提供服务的非营利机构连接在一起。政府要利用大学生就业信息基础工程保证求职大学生能够自由地追求自身的职业，表达自身的求职意愿，尽可能让每一位求职大学生都有主宰自己职业发展的能力；要让求职大学生能够破除不必要的求职障碍，自由地择业并实施其择业行为，告诉他们把自身求职路与人民利益、国家发展、企业需求紧密地联系在一起。政府要努力通过实施大学生就业信息基础工程，为全国各地求职大学生提供就业机会，挖掘他们的就业潜力。

2. 要规章建制，规范劳动力供求双方的网络行为

当今世界，互联网技术方兴未艾。信息技术革命风起云涌，它极大地促进了各个行业的变革。数字化极大地降低了各行业发展的成本，在可见的未来，互联网将覆盖各个行业，网络无边界属性使许多传统模式受到了极大的冲击，特别是大学生就业。我们需要以新的眼光去审视大学生就业这个问题。互联网一体化对政府、各招聘方主体、高校、求职大学生都提出了严峻的考验，它需要我们针对这个新变化提出切实可靠的解决措施。因此，我们需要在这个新领域内充分挖掘合作的潜力和新形式。根据新的复杂形势的变动，我们需要重新制定促进劳动力市场供求双方进行合作的策略。一些非营利机构或各地区的人才交流市场在促进大学生就业方面起到了十分重要的促进作用，但是政府、企事业、高校、各组织之间的协作仍然有许多要改进的地方。因此，大学生就业信息工程面临的主要问题是：当今世界经济、政治、文化一体化趋势日盛，国内市场区域发展不平衡现象在相当长时期内仍然存在，互联网技术迅猛发展，大学生就业形势一年比一年严峻。在这样的特殊环境下，我们怎样才能使大学生就业信息工程建设的各利益相关方走在一起，通力合作？从长期看，互联网技术的飞速发展对我国大学生就业区域流向产生了什么样的影响？如何保证大学生就业政策、方针、法律法规在各区域体内贯彻执行？尤其是自由、开放、共享的互联网世界已经对我国大学生就业的规范化提出了十分具体的挑战，今天的网络立法还能为大学生网络就业保驾护航吗？还能经得住劳动力市场的考验吗？这些问题的答案，核心在于它基于这样一个事实，即信息革命对劳动力市场供需双方的

影响都十分明显，在技术层次面的运用潜力无限。这也是为什么我们大力提倡大学生就业工作信息化的原因所在。但是，目前庞大的大学毕业生数量、日益严峻的就业形势促使我们不得不思考如何用信息化手段促进大学生就业。

互联网迅速发展日益渗透到大学生求职过程中，构建大学生就业信息基础工程已迫在眉睫，新世界在与新价值、新生存方式、新生活方式和新信息模式的不断碰撞中发展，新世界需要全新的思维方式。大学毕业生就业信息工程摆在国家和政府层面最大的挑战是，它正面临建立一种全方位、全新关系的需要，这个需要基于信息技术的飞速发展，源于人与人之间的信任和被信任的关系，从而让求职大学生真正受益，让招聘方主体实实在在地受益。为了引导大学生各区域内有序流动，让大学毕业生充分求职，充分释放求职的潜能，我们有必要从网络伦理角度来重新审视那些对大学生网络求职产生影响的规章制度、政策、措施，如果政府、企业、高校、大学毕业生、家庭及其他与大学生就业相关的利益体能够一起合作，并建立持续性、健康、新型合作关系，那么这种新型合作关系将帮助我们解决大学生网络求职所面临的种种困境，并找到一些切合实际的指导性原则。这些新型关系和原则将帮助我们制定一系列大学生网络求职的基本规范或政策。未来的网络管理模式将是一系列合法、合规、合情合理的既带有法律约束又带有道德自律的指导性原则，而这些原则将建立在大学毕业生求职过程中，建立在利益攸关方取得广泛共识的基础之上。在这个过程中处于领导地位的应该是政府相关部门，应该是它们领导我们去制定各种网络求职规范性政策、法规，破除其他可能存在的大学生网络求职的障碍。政府的责任是在构建大学生就业信息工程过程中尽力去防范、消除可能存在的网络欺诈等不法行为，要时时加强对大学生就业信息工程的调控、调整，以防止出现各种不必要的重复性的工作和各种官僚主义之风。为了促进大学毕业生就业工作顺利进行，促进政府、各招聘方主体、高校、大学毕业生、家庭以及其他促进大学生就业的非营利机构之间的互相配合、互相支持和互相理解，就要制定各种符合程序要求、符合国情、符合大学毕业生实际的网络法律法规，并确保其顺利地实施。这样我们就可以在最大限度上保证网络技术的广泛运用，对增加大学生求职机会以及挖掘大学生求职潜力，促进区域体内的人力资本的汇聚，促进区域内大学毕业生的合理有序流动，促进人力资源的最大限度的挖掘，促进大学生就业价值的多元展现，促进国民经济和谐、持续、健康发展都会产生广泛而深远的影响。

3. 要搭建完善的大学生就业信息的内容体系

互联网技术的广泛运用和飞速发展最大的挑战在于：信息泛滥、"消化不良"，而不是"饥饿难耐"。互联网信息化的不断推进，速度如此之快，运用如此之广，影响如此之深，与我们关系如此之密切，使我们很难抽身而去。我们越运用它，越离不开它。这种资源几乎取之不尽，用之不竭，但我们千万不能视之为理所当然。大学毕业生就业数量之多、就业心理之复杂，招聘主体方数量之庞大、成分之具体，政府关于就业的方针、政策制定之复杂，使得大学毕业生就业信息基础工程的使用量将会达到前所未有的程度。

政府需要适度地介入，确保这项工程在运行过程中畅通无阻，对就业的各利益攸关方都能有十分开放的通道和全方位的参与度。面对这种特殊情况，政府、各招聘方主体、高校、大学毕业生、家庭等都需要既各自独立又能共同效力于构建这一个网络就业的政策方针，提出监管这个绕不开的话题。大学毕业生就业信息基础工程的推进将各方的努力凝结成最终成果，它的意义在于充分运用信息化技术，唤起并帮助大学生就业各利益方增强对就业工作挑战的认识，帮助搭建就业信息平台，形成技术优势，以确保大学毕业生就好业、好就业。它将为大学毕业生就业的各利益攸关方实现各自的目标提供链接。为了实现这个目标就需要对大学生就业信息基础工程进行必要的构建。笔者认为，它可以由以下部门构成：基础设施、适度监管、确保安全性、保护隐私、充裕信息、共享对接。

第一，基础设施——建立真正的网络就业高速通道。大学生就业信息工程是一项系统的、复杂的、庞大的工程，它的关键点及首要前提是可以满足大学毕业生在就业过程中各利益攸关方的最为基本的可信赖、可支持的网络信息化的技术支持，它的目标是实用、快速、畅通无阻。换言之，当全国各地大学生的求职信息、用人单位的招聘信息、政府的相关就业扶持措施等数据在这个平台上进行传递时，必须确保其内容的真实、可信、安全、畅通，确保不间断。网络在纵向与横向上应当四通八达，从信息的发出、接收、处理到后期跟踪反馈，在整个流程上都应十分顺畅。这是一场技术革命，在构建大学生就业信息基础工程时需要符合标准的基础设施，例如，开发出适用各种手机款式运用的即时性的就业信息传递技术。可以考虑由国内部分顶尖级计算机运用中心，开发出大学生网络就业信息的新技术和新的应用软件，在政府的支持下，形成就业信息支持网络。可以由政府牵头，在听取各大学生就业各利益攸关方的意见和建议的前提下，构建一系列网络技术，如可以帮助大学生就业的各种适用软件、技术标准、网络运用和各口径选择等。

第二，要适度监管，即明确表明是政府在监管着大学生就业信息基础工程，这种适度的监管是必要的，也是必需的。没有规矩不成方圆，互联网世界鱼龙混杂，既有真善美的东西，也有不少假恶丑的内容，需要对它进行适度的管制。由于大学就业信息基础工程是大学生网络就业非常重要的平台，这就意味着如何进行适度的监管成为不可绕开的话题。各行各业都需要规则才能确保行业健康可持续发展，也需要有主体机构去确保这些规则落到实处。大学生就业信息基础工程的监管主体只能是政府而不应该是市场，大学生网络就业的前提是就业信息的真实性和就业过程的安全性。大学生网络就业信息基础工程，它的作用是充分运用信息技术，确保提供公平、公开、透明、安全、实用的就业信息。在市场法则下，公平与竞争成为主旋律，但也不可忽略市场的弱点，过分逐利、无序竞争、利己主义等。所以许多用人单位在网络就业信息的发布上缺少必要的自我约束能力，在不少情况下会出现网络招聘信息的失真行为、网络招聘过程的欺诈行为等不良行为。所以应当由政府起主导作用，对大学生网络就业信息工程运作过程进行适度的监管，它的目标是通过适度的介入，营造一个可持续、健康、和谐的网络就业环境。

政府要尽量避免官僚主义，紧跟网络技术革新进程，紧密结合大学毕业生求职特点，密切结合各招聘主体、各行业特性和招聘需求情况，包容性、开放性地进行推进，既要坚持政府的监管和领导地位，又要加强大学生就业利益攸关方的自我规范。

第三，要确保安全性。政府要通过各项网络立法，倡导网络伦理，制定大学生就业信息工程在运行过程中的通信的安全性所需要的各种机制、程序和协议。大学生就业信息工程的顺利推进的前提是它是安全的、可信赖的。大学生就业的各利益攸关方都需要加强自律意识，确保网络就业信息和对接的安全性。在这个平台上所有的数据都应当得到适度的保护，要努力避免网络的非法入侵、网络信息的非法窃取、网络招聘的欺诈行为。针对网络信息的失实现象，要成立一个专门的机构来对大学生就业信息工程的推进进行全方位的网络技术支持。要预防网络非法侵犯就需要紧跟网络技术发展的步伐，紧跟网络信息革命的发展态势，应用新的网络技术工具和网络使用技巧，加以必要的全员监管、全过程监管，确保大学生就业信息工程的可持续性推进。特别是网络招聘信息的公开程度应如何来维护，要使大学生就业信息工程的网络安全权牢牢地掌握在政府手里。

第四，要保护隐私。特别是在互联网世界里，如何以数据化来分享就业信息的便利性成为重要话题，大学生就业网络信息工程不是一个"就业信息垃圾场"，不是一个政府的单方面行为，各利益相关方都需要群策群力，承担发出、接收、对接就业信息的道德和法律责任。大学生就业信息工程这个平台上的基本隐私权应当得到适度的保护，这也是政府的基本监管职责。政府的监管目标是通过适度的监管，努力创造一个可信赖的安全的大学生网络就业环境。政府要制定一系列保护就业个体或招聘主体信息隐私权的方针政策，要求他们要遵守隐私权原则，通过网络立法、自愿的自我约束来构建大学生就业信息基础工程的网络道德伦理。政府要制定大学生网络就业的自律隐私权政策，要有可操作性，让大学生在网络就业过程中能够适度地自我约束，不违法、不违规，自觉遵守就业信息网的基本规则，对自己负责，对社会负责。

第五，要充裕信息。这就意味着在大学生就业信息基础工程上，大学生就业信息应当丰富化。无论是政府、用人单位、高校，还是大学生自身都能在这个信息平台上，随时随地最大限度地获取他们需要或者说是他们所想获得的就业资讯。在大学生就业信息基础工程上要有十分清晰明了的指南，告诉大学生就业攸关主体方有什么，并指导大学生如何顺利达到他们的要求。大学生就业信息基础工程的关键之处在于既有科学性，又有实用性，易于操作，易于理解，易于共享"内容标签"。"内容标签"能够指引大学生就业攸关方高效便捷地获取就业资讯。适度监管很有必要，政府要义不容辞地承担这份责任。随着信息革命的风起云涌，互联网技术的广泛运用为各行各业的发展添上了腾飞的翅膀。大学生就业信息基础工程的主要目的就是为大学生在互联网上获得需要的就业资讯提供服务，使他们明白自己决定去哪里，哪里有机会。大学生就业信息基础工程就是这样一个筛选平台，它提供一个十分灵活实用的平台，同时通过必要的过滤软件，过滤掉一些不实的就业资讯，提供给大学生就业相关方定义化、客户化、私人化的就业信息。政府要实时对这个平台的运行进行必要的评估，可以考虑设计一种评估系统，时时输送数据，为大学生在全国各区域内的合理、有序流动提供一个参考。

　　第六，要共享对接。要确保实效，确保网络就业资讯能够极大地推动大学生去就业、好就业，同时也能使用人单位招聘到自己所需要的人才，使政府动态地知晓全国大学生在各个区域内的分配情况、大学生的就业质量和结构是否合理、国家的就业方针政策是否恰当、如何能为大学生就业提供更为优质的服务，高校也能明白自身培养人才的质量是否符合国民经济发展的需要、是否符合社会各行业发展的趋势、是否能经受得住劳动力市场的考验，大学生也能结合自身所学的专业、自身所具备的基本素质和能力获得用人单位的认可，学会如何在合适的时间、合适的地点找到合适的用人单位，并与他们做好对接。大学生就业信息基础工程的使命就是要在政府的主导下，在劳动力市场的驱动下使大学生网络就业能够值得信赖。为了实现这个初衷，大学生就业信息基础工程就要时时刻刻提供劳动力市场供需双方的基本情况、政府关于大学生就业的政策法规、高校关于扶持大学生就业的相关措施、大学生求职的基本资讯、用人单位招聘的主要对象、关于国家宏观和微观经济的发展趋势、国内各行各业发展的前景，并为劳动力供求双方提供互联互通。要通过这个平台，使用最先进的互联网技术为大学生就业各攸关方达成共识、获得合作提供链接，尤其是大学生就业信息基础工程这个平台要始终保持通畅的、可持续的、健康的、良好的、高效的运作状况。在就业资讯与互联网技术结合的基础上，政府可以借助这个平台所提供的各种共享的就业资讯和行之有效的就业政策法规，保护供需方的基本隐私权，出台标准化网络规范，促进劳动力市场供需方的互用性。政府要在大学生就业信息基础工程的共享链接上下苦功夫，要与用人单位、高校、大学生自身、家庭以及其他帮助大学生就业的非营利机构携手合作，时刻关注变化，并时时评估其运行所产生的各种影响，并在成功经验的基础上进行推广。政府要采取必要的行动，积极地应对大学生网络招聘过程中可能存在的各种问题，提出切实可靠的对策，运用自身的智慧，整合各方力量，共同推动大学生就业工作健康、可持续、和谐发展。

　　4. 要尊重劳动力市场的法则，倡导自由竞争

　　大学生就业过程中，政府起主导作用，但并不意味着包办，要尊重市场的基本法则，特别是要尊重劳动力市场的基本规律。大学生就业不是拉郎配，也不能乱点鸳鸯谱。劳动力市场的竞争法则是适者生存，优胜劣汰，这是生物进化的必然规律。竞争的目的是要尽可能地保护劳动力供需市场的自由，当然这种自由是在政府适度监管的前提下的自由。因为劳动力市场的自由流通有利于保证大学生网上就业的公平性、正义性和效率。帕累托最优原则确定了效率优先这一个规则。在大学生网络招聘过程中，劳动力供需双方也要遵循用人单位公平招聘的原则，如大学毕业生的质量、能力要求是否与招聘单位人才需求相匹配，用人单位提供的各种招聘资讯或资源是否与大学毕业生自身需求相吻合等。竞争在劳动力市场自由交易过程中扮演了不可或缺的角色。在劳动力市场发展过程中，尤其是大学生网络求职招聘过程中，任何人为违背市场法则的不当干预，都会束

缚互联网技术的充分发挥，挫伤劳动力供需双方的积极性。政府的责任是确保大学生就业信息基础工程的推动，使劳动力供需双方在网络上实现各自利益最大化。政府应当反对不当竞争，通过适度地介入来确保竞争法则在大学生网络就业过程中畅通无阻。政府的责任是保护竞争，而不是干涉自由竞争者。网络既是一个虚拟世界，但同时也是一个实体互动的世界，它同样需要必要的法律、规则、政策、措施去约束某些人的不当行为，特别是要对网络劳动力市场供需双方在交易对接过程中进行必要的约束，让他们在运用互联网进行就业互动的过程中有章可循、有规可循，既要有合作，也要有竞争，在合作中竞争，在竞争中合作，在创新中合作，在合作中创新。一个开放的有共同合作意愿的驱动的劳动力供需市场将保证各自利益最大化的自由竞争驱动下的合理获得。所以在大学生网络信息基础工程推动过程中，竞争法则必将也必定适应劳动力供需市场和大学生网络求职结构的变化。在大学生网络求职这种特定环境下，我们应当正确评估并满足劳动力市场自由竞争法则的需求，并正确地去应用它，发挥它最大的潜能，要确保全国的大学毕业生无论来自哪里都有平等的机会去分享大学生网络信息基础工程所带来的益处。政府有义务也有能力去帮助他们获得大学生网络就业的基本技能，充分挖掘他们的就业潜能，并通过这个平台使其获得一份有体面的、有尊严的工作。同时政府也要时刻警惕自由竞争可能带来的不当竞争或垄断，尤其要关注这种自由竞争是否破坏了社会主义核心价值体系或社会基本道德规范，要让大学生在求职过程中将自身的职业发展与国家利益、社会利益、集体利益紧密联系起来，特别是要警惕西方一些非主流性、反动的就业观对我国大学生就业观的冲击。由于国情差异、社会发展阶段不同，西方大学生的就业观不一定符合我国主流社会价值观，所以要时刻保持警惕。在当今世界，资讯发展迅猛，呈几何倍数积累并广泛扩散，把自己当作容器的学习者估计信息很快就会溢出容器。对于大学生而言，在网络求职过程中，面对各种就业资讯要有的放矢，要有所为有所不为，要进行必要的评估筛选，要适应这种变化、转化。政府要经常调研，科学管理大学生就业信息基础工程上的就业资讯，以便用人单位、大学生、高校及其他参与大学生就业的相关机构可以充分利用就业信息，并使就业信息技术服务于使用者自身和社会相关联的就业机构和单位。

5. 要管理运用好大学生就业信息基础工程

大学生就业信息基础工程的充分运用、成功推进取决于政府以及其管理团队的决策及行为。对大学毕业生及用人单位而言，他们关注的焦点主要是在大学生就业信息基础工程这个服务平台上的劳动力供需信息的供给——是否有足够的就业和招聘资讯以不断满足快速增长的就业及招聘需求。这就迫切地要求政府作为这个平台的主导者要深入研究这个平台的技术运用以及随之而来的可能出现的管理问题。政府是否已经做好准备去迎接可能存在的技术挑战、道德风险、法律风险。政府可能有以下一些顾虑：对于大学生就业信息基础工程这个平台的投资是否物超所值？如何能优化管理决策，加快技术优化，降低运行成本以及提高运行效能？是否要建立一支专门的信息技术服务队伍，成立一个专门的服务部门？如果劳动力供需双方的反应不如预期效果该如何？万一有投诉或发生网络欺诈、网络信息失真该怎么办？是否能一劳永逸地解决一切问题？

众所周知，信息技术革命不断推进，互联网时代已经到来，并将在很长时期影响到人们的生产、生活。对大学毕业生就业而言，网络求职已成一种必然趋势。对于众多用人单位而言，网络招聘是一项投入低、产出高的工作。这意味着建立大学生就业信息基础工程已经是必要的也是必需的。对政府而言，成功的大学生就业信息基础工程的资讯管理的基本前提是良好的态度关系、合理的组织布局以及过程的监控。只有当政府可以负责任地处理以上各个方面时，大学生就业信息基础工程这个平台才能更好地运作。对于政府而言，大学生就业信息基础工程的信息管理主要应从以下方面来把握做好就业资讯的技术性宣传，即要让劳动力供需双方都能知晓这个平台，特别是对这个平台技术上的潜在能力以及未来发展趋势的关注，它将改变大学生就业、用人单位用人择人模式，同时也要不断鼓励劳动力市场供需双方不断提高就业信息的技术能力，要让他们熟练地掌握并运用它；要让大学生就业信息基础工程这个平台为劳动力供需双方提供有用的就业资讯、可接受的有较高回报率的就业及招聘资讯，让劳动力供需双方通过这个平台交流、共享；要由专门的部门、专业的技术队伍来服务；要让大学生就业信息基础工程把劳动力供需双方，包括高校、政府以及其他为大学生就业提供服务的非营利机构等紧密联系在一起；要对所有大学生就业的利益攸关主体开放，并使所有主体有机会去使用它；要形成畅通无阻的交流，并使自身隐私权受到一定的保护，每个大学生就业相关方都是这个平台的成员，在这个平台运作过程中也要体现内容的真实性、合法性、丰富性，而不是单一的；要从劳动力供需双方的基本需求入手，在现有的基础上不断改进服务，提供更好的满足条件；要界定好这个平台的服务对象，满足他们的需求和偏好，并寻求提供更好的就业资讯和服务来满足他们的需求；要不断总结经验，吸取教训，了解网络技术的发展趋势，学会利用互联网新技术来解决大学生就业过程中存在的老问题，发现解决问题的新办法；要努力提高劳动力供需双方对这个平台的依赖度，建立较为完善的网络招聘基本的法律法规，加强基础设施建设，使大学生就业信息基础工程这个平台的收益最大化；要坚持责任性原则、知晓性原则、道德性原则、全面性原则、均衡性原则、完整性原则、时效性原则、重新评估原则、民主原则、数据质量原则、收集限制原则、目的明确原则、使用限制原则、安全维护原则、公开性原则、个人参与原则。

第二节 加快城镇化进程，加快人力资本会聚

城镇化是大量人口持续向城镇集聚的过程，是工业化进程必经的阶段。城市化又被称为城镇化，是指随着一个国家或地区社会生产力的发展、科学技术的进步以及产业结构的调整，其社会由以农业为主的传统乡村型社会向工业（第二产业）和服务业（第三

产业）等非农产业为主的现代城市型社会逐渐转变的历史进程。城镇化过程包括人口职业的转变、产业结构的转变、土地及地域空间的转变。它的现实意义在于，通过城镇化，区域经济更加集中化、产业化，它将极大地带动区域经济的发展，而区域经济水平的提高，又促进城市的发展，促使生产方式、聚落形态、生活方式和价值观等的变化。城镇化进程的推进能够创造出更多的就业机会，吸引大量大学毕业生，使劳动力从第一产业向第二产业、第三产业逐渐转移。十六大以来，我国城镇化率不断提升，2002—2011年，平均以1.35%的速度发展，城镇人口平均每年增长2096万人，2011年，城镇人口比重为51.27%，比2002年上升了12.18%，城镇人口为69079万人，比2002年增加了18867万人。中国历年的城镇化率如表5-1所示。

表 5-1 中国历年的城镇化率

年份	2003	2004	2005	2006	2007	2008	2009	2010	2011	2012	2013
城镇化率	40.53%	41.76%	42.99%	43.90%	44.94%	45.68%	46.59%	49.68%	51.27%	52.57%	53.37%

那么，加快城镇化进程与大学毕业生在各大经济区域内流动有什么必然的联系，又如何来优势互补，互相促进整合人力资本、促进人力资本的集中，推动区域经济发展呢？2014年，国务院发布了《国家新型城镇化规划（2014—2020年）》，明确提出要形成"两横三纵"的城镇化战略格局，即以陆桥通道、沿长江通道为两条横轴，以沿海、京哈京广、包昆通道为三条纵轴，以主要的城市群地区为支撑，以轴线上其他城市化地区和城市为重要组成的"两横三纵"城市化格局。城镇化是衡量一个国家步入现代化水平的重要标志，也是人类社会进步的具体体现。在我国，由于历史原因和现实发展状况，各区域经济体发展程度极度不均衡，人力资本分布不均衡的现象十分突出。同时区域体内不同的城镇化率也是人才是否能汇聚的重要条件。经济要发展，人才要先行。2013年我国城镇化率为53.37%，而世界发达地区的城镇化率已经在70%以上了。城镇化已经成为我国社会发展不可跨越的目标。众所周知，城镇化率越高，大学生就业的可能性或概率就越大。从现有数据来看，大学生就业区域大多数与该区域内城镇化水平有密切的联系。简言之，大多数大学毕业生在择业过程中都会倾向于选择区域经济比较发达的地区。城镇化意味着更好的基础设施、更优的公共服务、更好的发展平台、更多的社会资本。学者周志山曾经指出，城乡分离和对立给人类带来的"文明面"和对抗性表明：扬弃和超越城乡之间的分离和对立，在克服各自对立面弊端的基础上进一步走向融合，是人类历史进一步发展的必然趋势。

一、加快城镇化进程对人力资本会聚的影响和作用

城镇化是一个城市发达程度的标志，是人口和产业向城市转移、农业向非农业经济转变的现实途径。城镇化对人力资本的会聚具有十分显著的作用，对实施科教兴国、人才兴国战略有着重要的现实意义。人力资本包括投资和产出两个方面，具有再生和再创

造的特点。衡量一个区域城镇化的程度，也是衡量一个区域体人力资本竞争力强弱的重要标志，人力资本是城镇化发展的重要前提，也是区域经济发展的重要基础。人力资本的配备情况反映了区域内经济的效率情况。城镇化的进程、人力资本的会聚情况是区域经济体可持续、健康、快速发展的关键。

城镇化进程的推动是城市由小到大发展的过程，是城市集群发展的过程，也是基础设施投资、固定资产投资力度加大的表现。在区域公共事业、工业、农业及第三产业等投入的多少，发展水平的高低都与城镇化水平密切相关，人力资本的会聚与城镇化进程相辅相成、相得益彰。人力资本的涌入，有力地推动了城镇化进程的发展。而城镇化进程的加快发展，会形成更多的人力资本集群。据初步估算，城镇化率年均增长1%，城镇人口每增加1人，需要投资57.12万元。

城镇化进程的加速，吸引了大量大学毕业生涌入，使区域内人力资本效能得到很大的提升，区域内城镇化进程的加速也极大地拉动了消费，扩大了消费市场，提升了生活品质。城镇化进程的加速，区域经济体内各个投资软硬环境、生活环境的改善也会增强对人才的吸引力。

城镇化进程的加速，也有利提升大学毕业生的工资待遇，推动第三产业的飞速发展，从而推动经济结构的调整，以及三大产业在区域内经济比重的改变。农村生源地的毕业生不断向城市涌入和迁移，会提升消费量，同时也能极大地推动教育、医疗、住房、就业等公共服务发展，促进餐饮、物流、保险、金融等第三产业的迅猛发展。

城镇化的发展质量与大学毕业生区域内流动有着密切的联系。李克强总理指出："中国已进入中等收入国家行列，但发展还很不平衡，尤其是城乡差距量大面广，差距就是潜力，未来几十年最大的发展潜力在城镇化。"全国各区域经济体城镇化进程的加速，对促进经济的增长、产业结构转型换代、技术进步、消费水平的提升以及社会管理变化具有十分现实的意义。大学生就业是民生之本，解决大学毕业生就业关系到国家的发展、社会的进步、千家万户的幸福、大学生个人的前途命运，也是影响区域内城镇化的重要因素。当前，我国大学生就业形势一年比一年严峻，毕业即失业现象有所增加，大学生就业的结构性矛盾仍然十分突出，区域体间发展不平衡现象依然存在，社会支持系统的发挥作用仍然有限，借助城镇化进程与契机，不仅能有效地解决大学毕业生就业问题，也能推动大学毕业生在各区域内合理、有序流动。大学毕业生可以为城镇化带来人才的积累。大学毕业生充分转移到城市必然提高城市的劳动生产率，而城镇化也能大量吸收大学毕业生，增加城市对大学毕业生的吸引力。

二、城镇化与大学毕业生就业存在正相关性

近年来，大学毕业生数量逐年攀升，但结构性矛盾依然十分突出，特别是区域经济体发展不均衡问题依然没有得到根本性解决，大学生就业结构的偏差性也极大地制约城镇化的发展，区域内三大产业升级转型任务依然十分繁重，三大产业发展比重不均衡问

题仍然存在。区域内城镇化的速度、规模、质量的不同在一定程度上也导致大学生就业结构产生变化。与此同时，在体制化的过程中我国区域经济体城镇化呈现不同程度的滞后，而这种滞后性也导致大学生就业承受更大的压力。通过城镇化，有可能形成一些大中小城市集群，借助辐射效应，为缓解大学毕业生的就业压力提供帮助。大学毕业生的区域流动以及就业的层次也极大地影响区域经济体城镇化发展的层次。

三、加快城镇化进程，促进大学毕业生在区域内合理、有序流动

①城镇化不断推进，促进大学生在区域内合理、有序流动。城镇化是国家的战略，是与大学生就业区域流动相互影响、相互促进的城镇化。它的发展必将带来经济增长、产业结构升级换代、大学毕业生收入的增加等多方面的影响，新型城镇化将会对大学毕业生在区域内流动的规模、结构、速度、质量产生深远的影响。从2003—2013年就业增长率以及各区域内国民生产总值增长情况来看，新型城镇化对区域内经济增长具有一定的推动作用，二者相辅相成。区域内国民生产总值的增长、经济的发展是形成城镇化的前提和基础，新型城镇化的推动，必然会吸引大量大学毕业生奔向城市。人才的会聚推动区域内生产的发展、消费品质的提升、消费潜力的不断挖掘，城市各配置基础设施的不断完善又反过来影响大学毕业生的就业概率。

②区域内产业的转型升级影响大学生的就业质量。《国家新型城镇化规划（2014—2020年）》提出，要不断强化城市产业就业支撑，调节优化城市产业布局和结构。新型城镇化的不断推动必然导致区域内第一、第二、第三产业加快转型升级的速度，同时促进区域内各产业集群的形成，推动更多的新兴产业不断产生。具体而言，新型城镇化的推动，使第一、第二、第三产业在占国民经济中的比重发生变化，如人、财、物向第三产业倾斜，由劳动密集型向资本和技术密集型转化，由传统的农业、工业向现代化的农业、工业转化。新型城镇化由于经济总量、存量的增长，在一定时期会促进经济的增长，经济的增长需要更多的劳动力，这就为大学生区域流动提供了更多的机会。

新型城镇化加速了产业转型升级，在这个过程中，第三产业呈现更为良好的发展态势，产业分工更加精细化、专业化、现代化，大学生就业岗位增多了，但各个行业在这场改革中都会不同程度的受到冲击。传统行业面临淘汰，新兴行业正在崛起。这对大学生就业流向产生极大的影响。随着社会主义市场经济体制改革的不断深入，公平竞争的市场准则普遍运用，营造了充满活力的经济氛围。与此同时，吸纳了更多的大学毕业生在各区域体内就业。特别是第三产业，如服务业已经成为吸纳大学毕业生的最大蓄水池。在城镇化进程中，大量的大学毕业生涌入各个城市去择业，由于大学毕业生大部分掌握了行业的基本技能，具备了符合行业发展的基本素质，因而他们能够较为顺利地从事劳动生产。第一产业容纳的大学生人数相对较少，第二产业在发展过程中不断转型升级，产业自动化速度加快，对大学毕业生而言，仍然有一定的阻力。与此同时，第三产业如商业、服务业、通信运输、家政等由于行业发展迅速，内部也正在不断地更新换代，不断向知

识密集型和技术密集型产业等转化。这些行业，具有较大的就业容纳潜力，并且有较大的就业弹性，创造了大量的就业岗位，推动大学生在区域内的人力资本会聚。新型城镇化推动了经济迅速发展，国家及各区域内国民生产总值不断增加，就有更多的钱投入教育、医疗、保障、服务等行业中，使更多的大学毕业生在区域内就业流动，同时他们也能享受更多、更好的社会公共服务资源。而公共设施的投入也在一定程度上增加了大学毕业生就业的可能，弥补了社会就业岗位数量的不足，同时也提升了生产和消费的品质。

大学毕业生在区域内自由流动也在很大程度上破除了城乡二元体制的束缚。同时也使大学毕业生的权益得到维护，促使大学生更加安心就业，提升大学毕业生的就业主动性和积极性。城镇化的推进、各区域体内的各种公共基础服务设施的大量建设极大地提高了整个社会的劳动生产率，促进了社会的现代化，使越来越多的大学毕业生能够投入第三产业中。与此同时，信息技术水平的提高，互联网技术的普及，大学毕业生通过便捷的网络，能够找到更为匹配的工作岗位，提高了流动的精确性和可能性，使大学毕业生在劳动力市场中自由平等地择业，增加了大学毕业生在经济社会中各区域内的就业活力，也推动了大学毕业生就业结构的不断优化。新型城镇化进程的推进，在很大程度上促进了人力资本的会聚，提升了大学毕业生就业的积极性，同时也提高了大学毕业生的就业概率，并使其获得了更加丰厚的经济回报。同时大学毕业生就业后收入增加了，再投入自身的各种培训，有利于提升自身的人力资本价值，而城镇化的推动、社会公共服务品质的提高，也使大学毕业生更加稳定地就业，逐渐提升自身的社会价值和个人价值。

③提升各区域经济体的综合发展实力和竞争力，推动大学毕业生合理、有序地流动。党的十八大报告明确指出：坚持走中国特色新型工业化、信息化、城镇化、农业现代化道路，推动信息化和工业化深度融合，工业化和城镇化良性互动，城镇化和农业现代化相互协调，促进工业化、信息化、城镇化、农业现代化同步发展。党的十八大报告中另外也提到：大中小城市和小城镇、城市群要科学合理布局。中国未来十年将着力实施供给侧改革，不断挖掘国内消费潜力，释放经济活力，加快城镇化进程。提升城市集群的综合发展实力和竞争力是中国未来经济增长的重要方式。政府部门要引导大学毕业生在区域内合理流动，就需要因地制宜，制定各区域经济体的城市特色规划，要充分考虑区域的不同特点，在发挥市场微观职能的同时，也需要必要的强制力和行政力去发挥政府应有的作用，在区域内重点发展主要和中心城市的同时，也要给"老少边穷"区域内其他城市予以足够的支持，要通过各种经济杠杆，发挥政策的引导力量，给予较为落后的区域内城市更多的机会，这样才有可能尽量减少区域经济不均衡带来的负面效应，加强区域内人才的会聚，推动大学毕业生在各区域内好就业，就好业，并实现全国统一、和谐、可持续的发展。城市综合发展实力和竞争力是指一个城市相对于其他城市在软硬件环境上，尤其是创造经济效益方面的能力，综合体现它的发展程度、速度、潜力，反映了一个城市的综合能力、国民生产值的大小、经济增长率的高低、综合竞争能力的高低、产业发展的状况、人均生产总值、城市居民收入水平、社会生存需要的成本、城市居民幸福感指数等。

东北部、中部、西部许多城市的发展水平仍然低于全国平均水平，这表明这些区域产业转型升级速度、层次、质量发展极不均衡。2013年12月，全国人才研讨会提出："要深入学习贯彻党的十八大精神，以落实人才发展规划为主线，坚持服务发展、人才优先，以用为本、创新机制，高端引进、整体开发，加快建设规模宏大、素质优良的人才队伍，为全面建成小康社会提供有力的人力支撑。"要积极营造重才用才的社会环境、工作环境、政策环境和生活环境。区域内人才资本的汇聚对城市综合实力的提升具有十分积极的影响，对实施人才兴国战略也十分重要。人力资源的流动受多方面的影响，城市的吸引力至关重要，人才数量的增加和人才结构的优化对城市发展竞争力的提升有帮助作用。2003—2013年总体上城市人力资本需求呈现L型，尤其是近五年对大学生的需求比较不足，大学毕业生就业难问题十分严峻。在人力资本数量区域分布上，城市间分布十分不均衡，人力资源配置矛盾十分突出，这在某种程度上说明大学毕业生流动有待引导。特别是各区域内工资差异较明显，产业不断升级，人力资本的成本优势不断减少。各区域内产业结构的不断调整、国家各种经济发展战略的推动，为西部、中部、东北部区域内各城市发展提供了就业机会。我们要不断提升人才观念，因地制宜，找准定位，通过相关配套完善人才服务政策，筑巢引凤，提高城市人才配置的质量，不断完善社会公共服务体系，增强各区域内人力资本竞争的综合能力。

第三节 构建对区域流动中弱势大学毕业生群体就业帮扶体系

失业是世界范围内普遍关注的社会问题，国际劳工组织2016年度报告显示：2016年全球失业大军将增至230万人，总失业人数将至1.99亿人，预计2017年突破2亿人，而2015年全球失业人数为1.97亿人。国际劳工组织总干事赖德在该报告中指出，由于受全球经济低迷影响，拉美含部分亚洲地区及一些阿拉伯国家失业情况有不断恶化的倾向。据中国国家统计局数据显示，2014年中国城镇登记失业人数为952万人，城镇登记失业率为4.1%，2015年中国城市调查失业率为5.1%，2015年全年城镇新增应聘从业人数1312人，年末城镇登记失业率为4.05%。2015年5月27日，习近平总书记在七省市党委主要负责同志座谈会上明确指出："要坚持经济发展以保障和改善民生为出发点和落脚点，全面解决好人民群众关心的教育、就业、收入、社保、医疗卫生、食品安全等问题，让改革发展成果更多、更公平、更实在地惠及广大人民群众。"从大学毕业生就业实践过程可以知道，对区域流动中弱势大学生群体如不加大扶持力度，很难能实现真正的就业。而毕业即失业又增加他们的心理压力。只有必要帮扶才能帮助他们获得工作，取得劳动报酬，实现经济独立和人格独立。随着中国城镇化进程加速，往届未就业的大学生、全国一亿多流动农民工，再加上庞大的应届生，就业整体形势不容乐观。通过对区域流动中弱势群体的帮扶，保障他们的基本生存，提供必要的就业岗位，把弱势群体大学毕业生失业的不良影响降到较低程度，对全面建成小康社会，实现中华民族伟大复兴的中国梦有着现实的意义。

一、区域流动中弱势大学毕业生群体的基本界定

区域流动中弱势大学毕业生群体主要有以下几类。第一种是生理性的弱势群体，它主要是指由于身体上生理性的原因而在求职就业过程中某些方面有障碍，在社会择业中处于弱势的大学毕业生群体。比如，在求职过程和区域流动过程中，由于求职成本不足或经济困难而无法正常求职。患有某些慢性疾病，需要长期服用药物，日常生活自理能力受到影响的大学毕业生，他们的心理受到一定创伤，心理上存在各种障碍，从而在区域流动中就业出现困境，在区域流动求职中需要帮扶。第二种是专业素质欠佳的弱势群体，比如，部分大学毕业生在求学期间由于各种原因，没有系统地掌握本专业相关的理论和知识与技能操作能力，在区域流动中求职困难。第三类是生源地是农村的部分弱势群体，特别是融入城镇化过程中碰到各种障碍而无法就业择业的部分大学毕业生。2002年朱镕基总理在九届全国人大五次会议上所做的《政府工作报告》中明确指出："积极扩大就业和再就业是增加居民收入的重要途径。对弱势群体要给予特殊的就业援助。"

在学术界，对大学生弱势群体也有一定的研究，如王思斌学者认为，大学毕业生弱势群体是指在遇到社会问题的冲击时自身能力缺乏应变能力而易于遭受挫折的大学毕业群体。部分学者认为，大学生弱势群体主要包括某种病、残及意外事故和意外事故所导致的个人生存和劳动能力障碍者，过高赡养系数者以及市场竞争中的失败者。邓伟志学者认为，弱势群体是指创造财富、聚敛财富的能力较弱，就业竞争能力、基本创造能力较差的群体。

二、区域流动中大学毕业生弱势群体的基本特征

区域流动中大学毕业生弱势群体主要是指由于自身、经济、社会方面的弱势状态而难以像其他大学毕业生那样去各区域中择业，从而造成各种生理或心理压力，导致陷入各种矛盾、困境，处于社会就业不利地位的大学毕业生群体。区域流动中大学毕业生弱势群体有以下三个基本特征。第一，区域流动中大学毕业生弱势群体在择业中受各种因素制约，如主观上自身的综合能力的限制、客观上用人单位的刁难、国家相关政策的限制，还有如自身的各种残疾、性别上的歧视、对生源地的歧视等。第二，区域流动中大学毕业生弱势群体在择业上陷入求职的困境。由于家庭原因，这些弱势群体在择业过程中面临就业成本的压力。陈成文学者指出，经济利益上的贫困性是社会弱者的根本属性，决定着社会弱者在生活质量和承受力上的共同特征。家庭的贫困使某些大学毕业生一旦遭遇暂时的求职失败就会陷入生活的困境。第三，区域流动中大学毕业生弱势群体在心

理上也出现不同程度的问题。由于受社会、用人单位及其他人的各种歧视，部分大学毕业生中的弱势群体在心理上处于压抑、自卑、沮丧、绝望状态，不同程度地出现心理障碍，背负极大的心理负担。尤其是在区域流动中出现的择业不安全感比较明显。李强学者指出，具有较低社会支持感的人对他人的评估比较消极，面对自身则产生人际交往无能、焦虑，以及社会排斥感。由此可见，区域流动中大学毕业生弱势群体的共同特点就是由于各种主客观原因使他们在区域流动中择业出现各种不同程度的脆弱性与软弱性。对区域流动中大学毕业生弱势群体的帮助体现了社会主义制度的优越性，关系到千家万户的切身利益，是贯彻社会公平正义原则的必然要求，是维护国家安全稳定的社会发展的现实需要。刘书林学者指出，弱势群体是我们社会中的基本劳动群众，是我国社会主义政权的重要支撑和基础，是载水之舟，是我们社会主义事业的大厦之基。

三、区域流动中大学毕业生弱势群体形成的原因分析

一个国家的就业状况反映了其社会资源配置状况、各种生产要素的组合状况，决定着经济效能的大小，直接影响着社会经济的发展。区域流动中大学毕业生弱势群体的形成有多方面原因。国家经济增长是大学毕业生增加的基础性条件，没有一定的经济增长很难有大学生就业的增加。我国正处于经济增长但增速有所缓慢，产业结构和区域体经济结构正在转型升级，第三产业逐渐占据就业主阵地，城镇化进程正在加速，投资驱动向创新驱动转变，市场在资源配置中的作用更加明显，法治进程不断推进的阶段。1962年，美国经济学家阿瑟·奥肯根据美国的统计资料，测算出一条关于实际GNP增长率与失业率之间关系的经济规律：若一年实际GNP增长率超过潜在GNP增长率2.5%，可以使失业率降低1‰。中国经济在党和国家的正确领导下，取得较长足的发展。从相关统计数据看，"九五"期间GDP年均增长8.6%，就业平均增长1.2%，"十五"期间GDP年均增长9.5%，就业平均增长1.1%。由于我国的具体基本国情特殊，各区域经济体间经济发展不均衡在短期内无法得到彻底的解决，再加上近五年我国经济增长幅度减慢，无法提供更多的就业岗位来满足日益增长的庞大的大学毕业生数量，对于区域流动中大学毕业生弱势群体而言，择业的机会变少了，择业成本增加了。国企改革，大量下岗工人再就业，对大学毕业生的就业形成了不小的挑战。各区域内三大产业升级换代转型，由劳动密集型向资本密集型、技术密集型转变。部分大学毕业生由于自身专业限制，理论知识不扎实，专业技能不熟练，难以适应产业发展的需要，在区域间流动择业过程中就慢慢沦为弱势群体。尤其是互联网技术的飞速发展，技术进步，自动化、机械化进程加速，使用人单位的岗位需求逐渐减少，继而招聘人才总量减少，大学毕业生就业量就相应减少了，这在一定程度上对区域流动的大学毕业生弱势群体造成巨大的冲击。

另外，国家相关政策的实施对大学毕业生弱势群体的形成有一定的影响。如城乡二元体制未能完全破除、户籍制度的限制、不科学合理甚至苛刻的劳动用工制度等。尤其是大学毕业生弱势群体在择业过程中碰到的各种歧视，如地域歧视、生理歧视、性别歧

视等各种不公正的用人现实。社会保障体系如养老、医疗、教育等不同区域经济体间尚未完全统一，这对区域流动中大学毕业生弱势群体的择业具有一定的障碍。

区域流动中大学毕业生弱势群体在择业中形成还有一个重要原因是大学毕业生自身，比如在校期间缺乏系统的职业生涯规划；出来择业时就业观念滞后；就业方式单一；就业形势困难估计不足；就业区域流动的经济困难导致择业困难；过于保守，倾向国企或其他体制内岗位；在择业过程中存在"等、靠、要"思想，对择业期望过高，对择业待遇要求过高；心理上出现各种问题；在校期间缺乏系统的理论功底和必要的专业技能等。

四、构建社会支持系统，促进区域流动中大学毕业生弱势群体顺利就业

解决区域流动中大学毕业生弱势群体的就业问题，不仅是一个经济问题，更是一个社会问题，解决不好会引发社会矛盾，影响社会和谐发展。邓小平同志指出："我们要把工作的基点放在出现较大的风险上，准备好对策。这样，即使出现了大的风险，天也不会塌下来。"有效解决区域流动中大学毕业生弱势群体的就业问题，对有效降低各地社会失业率，维护国家安定，推动社会公平，缩小社会贫富差距，促进社会健康、和谐、可持续发展具有重要的现实意义。构建全方位、宽领域、多层次的社会支持系统，促进区域流动中的大学毕业生弱势群体的顺利就业是政府应尽的职责。

①高校要构建区域流动中大学毕业生弱势群体的管理机制。美国当代政治学家亨廷顿指出："如果不能在消除社会绝对贫困的同时，逐步缩小社会成员之间的贫富差距，不能采取办法缩小能力与渴望之间的差距，那么这种'相对剥夺感'也容易使人倾向于暴力。"对于全国各区域流动中的大学毕业生弱势群体而言，构筑必要的管理机制，有助于社会的和谐发展。根据区域流动中大学毕业生弱势群体的实际情况，要从源头出发，即在校期间就要摸清底数，建档跟踪，给予心理辅导和必要的资助，同时为他们指导职业发展，并做好恰当规划，要建立预警机制，通过高校的摸底及时发现弱势群体的数量，了解他们的基本情况，并派专人进行跟踪帮扶，采取切实可行的措施来为他们就业做必要的准备。高校要建立应届生弱势群体的失业预警机制，尤其是大学毕业生弱势群体的信息库要不断完善，并建立健全大学毕业生弱势群体的失业救助应急机制，要加强对区域流动中大学毕业生弱势群体的思想状况的摸排，建立必要的补助扶助体系，从心理上去为他们排忧解难，从经济上为他们解决择业中的就业成本不足问题，从职业发展上帮助他们做好科学、合理的规划，降低他们择业的过高期望值，帮助他们提高择业的信心。

在构建区域流动中大学毕业生弱势群体的管理机制中，最为重要的是对这些特殊群体从机制上进行风险防范，尽量减少他们在择业中可能碰到的各种障碍，有序地防范和化解他们因失业而引发的各种不利于社会和谐的社会隐患。高校要根据他们自身存在的各种具体特征，有的放矢地对他们进行培训、心理辅导，并在政策允许的范围内为他们

提供各种资助；要根据他们的具体情况进行统一领导、分类管理，并构建区域流动中大学毕业生弱势群体的数据库；要通过防范机制，及时为他们排忧解难，化解他们在职业中的焦虑、恐慌等各种不良情绪，化解他们内心的矛盾困惑，把他们对社会可能造成的各种冲击降低到最低水平；要积极维护他们在择业中的合法权益；要切实解决他们实际存在的困难，尤其是经济上的困难以及在区域流动中择业所面临的歧视，从机制上和道义上为他们维护基本的就业权利；要不断与他们交流接触，倾听他们的心声；要引导他们正确看待并处理在求职中可能遇到的社会不公现象，避免激化矛盾；要耐心引导，绝不能粗暴、简单；要引导他们融入社会中去，融入劳动力市场中去。在机制上为他们择业保驾护航，要不断强化就业中的思想政治教育功能，要用科学的理论武装他们的头脑，加强和改变思想政治教育的方式、方法，教育他们正确认识和对待社会就业中遭遇的各种困难和挑战，增强他们在区域流动中择业的心理承受能力，引导他们通过正常的渠道来反映和解决自身在择业中存在的问题。

高校要建立健全区域流动中大学毕业生弱势群体的预警和干预机制，要切实承担自身责任，对摸排到的实际情况，要逐一谈心，强化服务，要加强家校联系，根据他们的具体情况，与家庭保持经常性沟通，双方一起通力合作；要建立区域流动中大学毕业生弱势群体的择业信念反馈机制，对他们在区域流动中的择业情况及时进行分析预测，结合劳动力市场的复杂性、变化性、市场化特点，建立健全区域流动中大学毕业生弱势群体的择业跟踪反馈机制；要加强对区域流动中大学毕业生弱势群体就业思想状况的摸排，运用系统化的手段，对他们进行细致的调查，了解他们在区域流动中可能存在的思想动态，在择业遇到困难时能够及时化解其不良情绪，防范各种潜在的社会风险，消除不稳定因素，将其不良的情绪化解在萌芽状况；要及时建立健全区域流动中大学毕业生的就业或择业突发事件的快速应急处理机制，及时化解矛盾；要建立健全区域流动中大学毕业生弱势群体的对接联络机制。利用政治辅导员、班主任、学生党员、学生干部等先进分子的各种优势，与区域流动中大学毕业生弱势群体结对子，进行一对一的服务，及时了解区域流动中大学生弱势群体的近况，以及在就业中遇到的困难，实行专门的帮扶。在他们遇到择业困难时能够及时伸出援助之手，帮他们化解矛盾。德国著名社会学家乌尔里希·贝克说过："自认为是风险社会的一个社会，处于一种罪人的地位，它忏悔自己的罪恶，以便能考虑过上与自然和世界的良心相适应的'更好'生活的可能性。"所以面对区域流动中大学毕业生弱势群体在择业中可能遇到的各种社会风险，除了建立各种管理机制，还要不断引导他们树立风险意识，理性、公正、客观地对待自身在择业中遇到的各种困难，以便能更快、更好地融入劳动力市场，推动社会和谐、健康、可持续发展。

②搭建社会支持系统，推动大学毕业生弱势群体在区域间顺利就业。区域间流动的大学毕业生弱势群体在择业中会面临各种挫折，产生各种不良情绪，可能给社会带来一定的风险，这就需要社会系统发挥他助的功效。社会支持系统是指区域间流动的大学毕

业生弱势群体之间有密切联系且互相信任的人群组成，其可以帮助和支持区域间流动的大学毕业生弱势群体，是一张人脉关系网。社会支持系统实质上是社会关系网，是人与人之间通过血缘、亲缘或其他缘，如同学缘、老乡缘等构成的相对稳定的社会关系网，它是一群特定的个人之间的一组独特的关系。德国哲学家恩斯特·卡西尔曾经说过："人只有以社会生活为中介才能发现他自己，才能意识到他的个体性。"美国社会学家查尔斯·霍特·库利曾经提出："思想是源于生活的一条河流，作为生活主要意义之所在的人际交流和社会感情，是在这条河流上的船只，而其他感情只是这条河流上的漂浮物。"区域中流动的大学毕业生弱势群体在择业中会出现彷徨、无奈、无助需要找人交流、倾诉，需要必要的心理辅导和必需的经济援助，社会支持系统就能发挥其应有的作用。马克思曾经说过："人的本质不是单个人所固有的抽象物，在其现实性上，它是一切社会关系的总和。"社会支持系统是区域间流动大学毕业生弱势群体的一种十分实用的社会支持人脉资源，也是帮助区域间流动的大学毕业生弱势群体顺利就业、择业的重要因素。它可以极大地拓宽区域流动中大学毕业生弱势群体就业的范围，突破一种时空限制，为改变其就业的思维方式、提升就业的品质提供必要的帮助。法国社会学家皮埃尔·布尔迪厄指出："特定行动者占有的社会资本的数量，依赖于行动者可以有效加以运用的联系网络的规模的大小，依赖于和他有联系的每个人以自己的权力所占有的（经济的、文化的、象征的）资本数量的多少。"社会支持系统相对于区域间流动的大学毕业生弱势群体而言，它是一种共同参与、互助合作、共享的支持系统。对于区域间流动的大学毕业生弱势群体而言，社会支持系统是一种动态的系统，它不是一成不变的、固定的，而且双方也可以互惠互利、互助互享。通过这个社会支持系统，区域间流动的大学毕业生弱势群体在某种程度上可以更为从容地去就业，更为自信地去择业，更为理性地融入劳动力市场中去。社会支持系统它不仅是精神上的支持、心理上的疏导，还是经济上的支援。社会支持系统可以帮助区域间流动的大学毕业生在就业或择业过程中抱有一颗敬畏的心去遵纪守法，抱有一颗感恩的心去面对社会各方面的支持，抱有一颗奋斗的心去实现个人的梦想，并融入实现中华民族伟大复兴的中国梦的国家宏伟目标中去。

③提供必要的、针对性的就业资讯及其他附加服务，为区域间流动的大学毕业生弱势群体排忧解难。区域流动的大学毕业生弱势群体最大的问题就是就业。就业或择业的途径有许多种，劳动力市场或劳务市场中介、亲朋好友介绍、社会性公益分配、个人自主择业等。对于区域流动的大学毕业生弱势群体而言，就业或择业的渠道趋向多元化，网络招聘、朋友圈介绍、政府公益安置岗位、职业介绍、社区和乡村帮扶、新闻媒介获得的就业信息等，尤其是熟人的介绍已成为一种不可或缺的重要择业渠道。就业资讯的获得对区域流动的大学毕业生弱势群体至关重要。宋林飞学者指出："就业信息对于求职者具有重要意义，如果劳动力需求、价格等信息不灵，就会产生摩擦性失业，延长平均失业时间。"现代社会是信息大爆炸的社会，就业资讯也是良莠不齐，区域流动的大学毕业生弱势群体在择业过程中会碰到许多预想不到的困难或挫折。首先，亲朋好友伸

出援助之手，这是一种效果比较明显的方法，因为他们最能理解区域流动中大学毕业生弱势群体的苦处、难处，也最能尽其所能去帮助他们实现就业梦。徐晓军教授指出："一个人与外界的联系总是有限的，如果通过亲戚朋友等社会成员关系，可以帮助就业者建立起一个可信度和高信息网络。同时由于亲情友情关系的存在，对我们的就业者也比较了解，他们是就业者分析筛选信息的得力助手和参谋。"对于区域流动中的大学毕业生弱势群体而言，由于自身家庭经济条件、生理或心理缺陷，在就业或择业过程中难免会出现各种自卑、软弱、愤世嫉俗的不良心态，此时最信任的人是谁呢，无疑是自己身边最亲近的人，这些人才会让他们感到放心。其次，区域流动的大学毕业生在择业过程中还会碰到一个新的难题，即劳动力市场中资方的信任，对于资方而言，他们凭什么要去聘用这些身心存在一定问题的大学毕业生弱势群体呢？这就需要一种信誉上的担保。这种担保可以是个人、团体组织、政府部门。最后，对于区域流动中的大学毕业生弱势群体而言，就业中存在很多困难，包括在择业过程中的经济困境，如购买合适的服装，区域流动中择业所产生的交通、住宿、伙食、通信等费用，所以政府部门也要出台各种保障制度，确保必要的制度性救助。亲朋好友也需要伸出宝贵的援助之手，通过爱心接力、互助、互济、合作来帮助区域流动中的大学毕业生弱势群体顺利就业。著名心理学家马斯洛曾经提出，人类需要的层次结构图由低到高依次为生理需要、安全需要、归属与爱的需要、尊重的需要，以及自我实现的需要。对于区域流动中的大学生弱势群体而言，必要的心理安慰和情感方面的抚慰是不可或缺的。日本学者石川中提出：失业和丧偶、失子、离异、自然灾害和战争等一样，都是重大生活事件。而人们在遇到这类重大生活事件时会造成严重的精神创伤、持久不良的情绪反应或长期的紧张刺激，进而导致身体疾病。对于区域流动中的大学毕业生弱势群体而言，就业和择业是其首要的任务，也是其最急迫需要面对和解决的问题，但人的心理或精神的健康体现了人自身特有的价值，也是人精神生活充实愉悦的具体表现，所以对于区域流动中大学毕业生弱势群体的就业问题，社会各界不仅要提供就业援助，更需要对其进行心理辅导，帮助他们顺利地融入社会中，为构建和谐社会添砖加瓦。

第四节　加强有效引导，推动大学毕业生灵活就业

党的十八大报告明确提出：就业是民生之本，要实施扩大就业发展战略，以创业带动就业。当前随着我国高等教育从精英教育向大众教育发展，高等院校不断扩招，高校毕业生数量逐年增加，毕业生面临着巨大压力。据教育部公布的数据显示：2003年全国普通高校毕业生数212万人，约37万人待业；2004年280万人，约52万人待业；2005年358万人，约69万人待业，与此同时大学生就业率与就业质量下降，绝对失业人数不断增加。这进一步预示我国大学生就业难的形势在近几年依然相当严峻。2006年高校毕

业生数已超过413万人,约79万人待业,2007年达到495万人。据国家发改委在2006年披露,"十一五"期间我国的大学毕业生供给数量高达2007万人。依此数据计算,除去2006年、2007年两年已经毕业的学生数量,2008—2010年我国大学毕业生的人数为1792万人,年平均数量高达597.3万人,其规模比2007年又增加100万人。大学生供给与我国现行经济社会对大学生的需求相比,无论在总体数量方面,还是质量、结构方面都存在着巨大的矛盾,与此同时,就业率与就业质量下降,绝对失业人数多。解决好毕业生就业问题直接关系到高校自身的发展前途,同时也关系到社会和谐发展。

一、灵活就业的含义

灵活就业就是指在劳动时间、收入报酬、工作场地、保险强制、劳动关系等方向不同于建立在工业化和现代化工厂制度基础上的主流就业方式的各种就业形势的总称,其包括:非全日制就业,如家政、家教服务、清洁、护理工作等;临时就业,如城市公共事业用工、建筑用工、售货员、家庭小时工、街头小贩等;季节就业,如旅游旺季的服务工作,制糖等季节性生产,夏季的制冷、冬季的供暖工作等;承包就业(或协议工作、合同工作);家庭就业,如家教等;兼职就业;独立开业的事业技术人员,如有的医生独立开创医疗诊所、有的律师开办律师事务所、有的会计师独立开业等;远程就业;自主就业等。

大学生灵活就业有利于充分开发和利用人力资源,既满足了社会的发展和人们对产品服务需求的多层次的客观需要,又提供了大量的就业机会,弥补了体制上的不足,满足了用人单位和毕业生双方的需要,还给别人提供了就业机会,同时知识经济崛起为大学生灵活就业提供了广阔的发展前景。

二、大学生灵活就业面临的问题

尽管大学生灵活性就业已经成为经济发展的必然趋势,但我国各地城市在发展大学生灵活性就业的过程中仍存在着一系列的问题,存在许多障碍。特别是大学生灵活就业人员处于原体制之外,其权益容易受到侵害,需要加以特别的关注。

1. 大学生灵活就业观念有待提高

一方面,尽管政府部门已经明确提出把大学生灵活就业作为我国就业问题的一个重要的渠道,但对大学生灵活就业在经济社会发展中的重要作用还认识不足,认为大学生灵活就业仅是贫困群体在就业机会缺乏情况下的生存手段,发展大学生灵活就业只是缓解当前严重就业压力的权宜之计。实际上大学生灵活就业作为适应市场经济发展的一种就业形式,是改革开放以来市场力量爆发的产物,是我国国民经济体系中的一部分。另一方面,计划经济时代的就业观念仍存在。从大学毕业生择业心态来看,相当多的大学毕业生仍然盯着北京、上海、深圳等大城市和沿海发达地区,看重的是待遇好、薪水高、工作稳定的热门单位。此外,许多大学生仍然抱着传统的就业观念,认为只有在国有单位工作才是真正的就业,大学生灵活就业不属于就业,只是就业前的无奈选择,因此,不愿主动争取,形成大量自愿失业。由于大学生灵活就业劳动环境差、劳动强度大、工资待遇低、岗位变动频繁、职业声望低、社会保障缺乏等原因,部分大学生觉得"不体面",有失"身份",不愿长期从事灵活就业。

2.灵活就业者的权益得不到保障

当前我国市场经济体制还不够完善,作为市场主体的雇用方的许多行为得不到规范和约束。由于大学生灵活就业者属于弱势群体,缺乏能够维护其利益的组织,诚然,用人单位为大学生灵活就业提供不少良好的机会,但部分企业利用大学生群体的就业压力,把灵活就业的大学生当成了廉价劳动力。加之劳动力市场供大于求等原因,大学生灵活就业的权益得不到保障是一个普遍而严重的问题。在现实中,有关优惠政策不落实,对个体户乱收费;劳动条件差,工资报酬达不到法定的工资标准;拖欠、克扣工资情况严重;工时超过法定工作时间,而且领不到加班费;享受不到社会保险;劳动和安全卫生条件恶劣;随意被解雇;一些大学生就业者的人格尊严得不到维护等损害灵活就业权益的行为屡屡发生。

3.缺乏专门的法律政策和相应的社会保障配套措施

目前,在现行的法规政策体系中,已有一些涉及大学生灵活就业的法规政策,但还不够系统和全面,在政府的劳动保障统计指标中,没有大学生灵活就业的人员统计指标,对于大学生灵活就业或非正规就业的界定未十分明确,对促进大学生灵活就业方式的发展缺乏统筹规划,已有的涉及大学生灵活就业问题的规划设计不强,难以应付大学生灵活就业发展中出现的新问题。大学生灵活就业困难的原因主要有以下几个方面:一是融资困难。缺乏针对中小企业与个人的信贷和担保制度,中小企业很难得到贷款。二是大学生灵活就业人员难以得到税收方面的优惠。各地虽然制定了针对大学生自谋职业的优惠政策,但贯彻落实情况普遍不好,而且开办中小企业、从事小规模经营手续烦琐,收费高,开办和经营的成本过大。三是难寻经营场所。大中城市正规的经营场地租金太高,而简易经营场所往往又影响市容和环境卫生,容易招致城市管理部门的取缔和禁止。四是市场信息服务体系、咨询服务体系和创业培训体系不健全等,中小企业和小规模经营者难以得到公共培训服务。大学生灵活就业中的许多人享受不到养老、医疗、失业的社会保障,这是制约大学生灵活就业方式发展的重大障碍。

三、加快发展大学生灵活就业的对策

大学生灵活就业是一项涉及面广、政策性强、关系大学生自身利益和社会稳定的重大社会经济问题。促进大学生灵活就业需要各级政府、非政府组织、用人单位、大学生自身等各个方面的共同努力,主要思路是分类指导,突出重点,完善法律保障权益,力求追求劳动力市场灵活化,即实现各种灵活化,如时间灵活化、位置灵活化、薪资灵活化等。

①大学生应自觉培养灵活就业素质,积极制订大学生生涯规划。大学生要克服以下

一些不良情况：凭对专业的喜好决定在学校的努力程度，不能很好地调整自我规划，为人处事随意、浮躁，关注社会、参与实践的意识不强，在就业压力面前消极、抱有情绪等。大学生首先要正视自己所处的客观环境，结合学校教育培养方案，关注社会经济发展，合理开展大学规划，通过对自己综合素质的提高，为就业做好准备，实现灵活就业。大学生要自觉培养灵活就业的素质，树立健康的就业观，实现就业最优化，除了要学好专业学科和英语、计算机等工具性学科，还要学习一定的管理、商务、税务、投资、法律知识，还需构建一定的能力结构，如实践能力、开拓创新能力、组织领导能力、协调协作能力、沟通能力、灵活就业能力等。大学生要转变就业观念，树立现代就业观，即不管就业形势如何，只要进行合法劳动，并取得就业报酬，就是就业，同时要努力克服依赖心理、自卑心理，不等不靠，自强不息，积极寻找灵活就业机会。因此，宁可不就业也不灵活就业，毕业前夕不考虑灵活就业，实在找不到工作再灵活就业等观念都是不可取的，在就业期间同样要重视灵活就业，把握机会，要将灵活就业与今后自身发展相结合，视其为知识向能力提升的转化过程，能力的积累与储备过程，这样才能做到更好地就业。

②政府应制定促进大学生灵活就业的政策，对大学生灵活就业实行一定的政策倾斜。政府应出台一些优惠政策，为灵活就业提供支持，如解决资金与贷款问题、简化工商登记手续、降低行政事业型收费、优先租用厂房等。根据不同对象和各种就业形式的不同特点，制定不同的政策，如引导用人单位积极灵活用工，指导和鼓励他们为社会提供多种形式的就业岗位，对通过灵活用工扩增就业岗位的单位给予资金支持和税收优惠；对自行创业人员，应制定相应政策措施予以辅助等。政府要完善相关法律法规，保护大学生灵活就业的权益；要逐步完善灵活就业的服务体系，加强就业指导和创业指导；要完善政府部门和中介机构对灵活就业的大学生的服务；要发挥劳务性就业组织或中介服务机构的作用，将灵活就业的大学生组织起来；要积极推进户籍制度、档案管理制度等相关制度的改革，推进劳动力资源的合理配置，进一步落实资金（信贷）扶持工作以及税费减免政策，为大学生就业提高便捷、优质的服务。

③高校应积极开展灵活就业教育。鼓励大学生自主创业，实现灵活就业，用创业促进就业，拉动经济增长，已成为世界的共识，成为发展中国家振兴经济的必然趋势。为了适应大学生灵活就业的新形势，作为培养大学生摇篮的高校，应肩负起对大学生灵活就业教育的责任，将职业发展教育课程列入高校必修课中。要实现人才培养模式的创新，就必须对原有教学内容和教学方式进行改革，加强素质教育，加强通识教育和以跨学科、复合型整体知识为主的教育，培养学生能够适应社会发展变化需要，不断学习和更新知识的能力。高校一方面应制定相关政策，引导并鼓励大学生进行灵活就业的思考与实践，如创立创造发明成果奖、实行学分制、给予校内办理小企业的政策优惠，要积极引导大学生参加科研和各种专业竞赛活动，如"大学生电脑大赛""数学建模比赛""挑战杯""企业管理案例分析挑战赛"等各种赛事。另一方面高校应鼓励创业，使其成为将创业教育转化为创业实践，并检验其效果的广阔舞台。

总之，大学生就业是个循序渐进的过程，推动大学生灵活就业的开展，是全社会共同的责任，相信随着各方面条件的改善（如政策环境、制度环境、市场环境、社会环境、就业观念等），必将推动更多的大学生实现灵活就业。

第五节　完善就业质量评估体系，提升就业品质

2016年9月5日，中国报告网数据显示：2015届硕士毕业生就业率为94.8%，本科毕业生为89.6%，专科毕业生就业率为89.3%。在自主创业方面，对大学生而言，专科为2.6%，本科为1.2%，硕士为0.6%。这表明从总体上来看，整个大学毕业生群体就业形势还是比较乐观的，就业情况良好，就业环境是比较宽松的。近些年来，大学毕业生的就业形势虽然有很大的好转，但是仍然面临着许多严峻的挑战。特别是国内外经济形势已经发生了深刻的变化，国有企业改革进入了攻坚克难的"深水区"，各种产能在化解过程中产生相当一部分下岗职工，民营企业、外资企业经营遭遇困境和挑战，各种裁员声音不绝于耳。中小微企业发展遇到了各种瓶颈，用人单位的人数也呈现下降的趋势，大学毕业生人数在逐年增加，在全国各地流动的2亿多农民工也在不断地寻找工作，复员退伍的军人也面临着再就业问题，海外归来的各类人才，中职院校庞大的毕业生人数，这几个就业群体在劳动力市场中的叠加效应十分明显，整个就业形势仍然是比较严峻的。对于党和国家而言，大学毕业生就业问题是极为重要的民生工程。人力资源和社会保障部陆续出台相应的就业政策或者就业鼓励措施，不断促进大学毕业生就业和创业，如将就业政策与宏观经济政策、产业政策相结合，努力创造更多的就业岗位，实施大学毕业生就业促进计划和创业引领计划，加大职业培训力度，继续推动以创业带动就业，做好公共就业服务网络等。这些有力的鼓励和扶持就业的措施极大地提升了大学毕业生的就业质量。

财经网数据显示：2015年美国、俄罗斯、巴西的失业率接近5%、6%和9%。特别是欧元区和南非，他们的失业率分别为10%和25%。全球各地区、各个国家都面临着就业的严峻挑战。中国2015年新增城镇就业人数超过了1300万人，2016年1月失业率基本维持在5%左右。2012年至2016年，城镇新增就业人数分别为：2012年1266万人，2013年1310万人，2014年为1322万人，2015年为1312万人，2016年为1314万人。如此庞大的就业队伍，对于整个劳动力市场而言，既是丰富的人力资源，又是个沉重的就业负担和巨大的挑战。李克强总理在2017年3月15日举行的记者招待会上指出："中国的就业岗位是靠自己创出来的，中国完全有能力扩大就业，不会也不允许出现大规模群体性失业，对于一时不能就业、生计没有着落的群众，政府会负起责任，保障他们的基本生活。"这表明改革开放成果是由人民群众一起来创造的，改革开放成果与人民群众一起共享。大学毕业生能否顺利就业或者充分就业也是检验政府服务效能的一个重要

标志。2017年7月21日，中国网财经数据显示：2012—2016年，我国国内生产总值增速分别为7.9%、7.8%、7.3%、6.9%和6.7%，这说明我国国民经济发展势头良好、平稳。同期我国16~59岁，劳动年龄人口分别为9亿2198万人、9亿1954万人、9亿1583万人、9亿1096万人、9亿747万人。整个劳动力年龄人口数，一直维持在9亿左右。2012—2016年，全国就业人员总量分别为：7亿6704万人、7亿6977万人、7亿7253万人、7亿7451万人和7亿7603万人，年均增长225万人。如此庞大而丰富的人力资源，如何实现有效的配置，如何实现有效的优化，这是摆在党和政府面前的一项重要课题，也是劳动力市场面临的一个严峻问题，这些人力资源如果调配得好，用得充分，那么就能发挥它最大的功效，用得不好，调配的比较差，那么可能就会阻碍社会的健康和谐发展。

  2012—2016年，国内生产总值每增加19%，平均吸纳非农业人口172万人，比2009—2011年多吸纳30万人，2012—2016年，城镇登记失业率维持在4%左右，公共就业服务市场求人倍率，分别为1.08、1.1、1.15、1.10和1.13。这表明整个劳动力市场提供了足额的劳动岗位，同时也说明我们劳动力市场的发展可持续性强。2012—2016年，我国城镇化率分别为52.57%、53.73%、54.77%、56.10%和57.35%，年均增长1.2%，这表明我国的城镇化进程在不断地加速。全国城镇就业人数，从3亿7102万人上升到4亿1424万人，年均增长1082万人，年均增长率为2.8%，这表明我国各城镇在容纳大学毕业生就业方面发挥了不可估量的作用，城镇化是社会发展的必然趋势。数据显示，乡村就业人员从3亿9602万人下降至3亿6175万人，年均减少857万人，这表明我国整个乡村大学毕业生的就业容纳量出现减少趋势，乡村就业对大学毕业生而言，吸引力在降低。2016年我国第三产业就业人员达到了3亿3757万人，比2012年增加了6067万人，而第一第二产业人员分别减少了4277万人、891万人，这说明我国整个国家的产业结构在不断转型升级，第三产业的发展是经济活力的一个显著标志，也是经济发展迅速的一个重要标准，第三产业在大学毕业生就业方面发挥着巨大的作用。2012—2016年，我国第三产业就业人员比重从36.1%上升至43.8%，第一产业、第二产业从业人员比重从33.6%和33.3%，分别下降至27.7%和28.8%，这说明我国第一产业、第二产业在国民经济中的比重明显在下降，而第三产业的比重显著在提高。2016年城镇个体工商户和私营企业就业人员比重分别为20.8%和29.2%，2012—2016年，外商独资、非公有单位就业人员从7194万人增加到10374万人，比重从47.2%上升到58%，这说明大学毕业生的就业观念发生了显著的变化，原有的"铁饭碗"的思想被市场竞争的思想替代。国有独资等公有单位就业人员则从8042万人下降至7514万人，比重从52.8%下降到42%，这说明，国有企事业单位在大学毕业生就业方面仍然占据着非常重要的不可替代的作用，原来是大学生就业的重要区域，或者选择对象，但是现在比例在下降。

  总体而言，从以上数据来看，我国整个劳动力市场发生了许多新的复杂变化，大学生的就业择业观念也发生了相应的改变，国民经济的持续稳定、和谐增长，为大学毕业生稳定就业创造了一个非常好的外部环境。城镇化进程的不断加速，也推动了大学毕业生就业区域向城镇倾斜，国民经济结构和产业结构调整转型升级，尤其是第三产业的发展，吸纳了大量大学毕业生，成为就业的主要渠道。从就业选择的单位性质而言，越来越多的大学毕业生选择非公有制单位，这是就业观念的改变，也是社会进步的一种体现。大学毕业生在全国各区域经济体流动就业和择业过程中，整个劳动力内外环境的变化是十分显著的。从以上数据也可以看出，我国整个劳动力整体的就业形势良好，大学毕业生群体就业整体的局面比较乐观。

大学毕业生就业质量是指在全国各区域经济体流动就业或择业的大学生，在就业或择业过程中，与生产资料相结合并获得的类型收入、各种利益和发展机会的具体状况的优劣程度的综合体现。在全国各区域经济体流动就业或择业的大学毕业生群体就业质量，关系到我国科技强国、人才强国战略的实施，关系到人力资源能否优化配置，也是劳动力市场成熟与否的重要标志。只有对大学毕业生就业质量进行客观、全面、系统、科学的评价，才能较为完整地了解整个劳动力市场的供求状况。中国就业研究所发布的2007年第二季度"中国就业市场景气报告"显示，受用人单位用工需求的增加，以及求职申请人数下降的相应影响，第二季度中国就业市场景气指数上升至2.26，这表明我国整个劳动力市场形势总体趋向好转，劳动力市场中供过于求的现象表明，对于大学毕业生而言，不是没有就业岗位，或者没有就业机会的可能性和现实性，而是在选择就业岗位过程中能否树立就业平等观，并做出相应的决定。

一、大学毕业生就业质量评价体系存在的问题

党的十八大报告明确提出要实施高质量的就业。当前国家教育相关部门、各高校都在探索一套行之有效的大学生就业质量评价体系，并取得了许多可喜的成就。如对大学毕业生就业率和签约率的评价的多元化、对大学毕业生所在用人单位的评价状况的收集，以及反馈大学毕业生所在家庭对大学生就业情况的评价等，这些扎实的工作为把握大学毕业生就业质量状况提供了坚实的基础。但是在现实情况中，大学毕业生就业质量评价体系仍存在一些不可忽略的问题，值得我们进一步去反思。如部分高校、部分就业相关部门，或者说社会上的第三方独立研究机构，在向社会公布的大学生就业或择业数据中存在不严谨、不完备、不真实、不科学的状况。

但总体上而言，由于我国目前仍然缺乏一套十分完备的可持续、科学、实用的大学毕业生就业质量评价体系，缺乏完整的、可量化的、具体的、系统的评价指标，因此，对在全国各区域经济体流动就业或择业的大学毕业生就业质量无法全面系统的掌握。特别是在就业数据采集方面，其水平和标准、仍然有待提高。当前在劳动力市场中，大学毕业生群体在全国各区域流动就业或择业过程中，存在不就业、慢就业、被就业、错就业、阶段性失业等现象。在我国现有大学毕业生就业质量统计过程中所统计的失业率，鲜有公布，所登记的失业率基本上也没有变动，这种现象背后的原因，值得我们去反思。

它也表明我国在劳动力市场中,在对大学毕业生的就业质量统计方面仍然存在真实性、有效性、及时性、系统性的问题。

二、构建高质量的大学毕业生就业质量评价体系

大学毕业生就业质量中的就业率、签约率和失业率都是劳动力市场的晴雨表和风向标。要实现大学毕业生较高的就业质量,就需要完善相关的统计指标和数据,使指标和数据客观、正确、真实、及时、有效。对相关数据要及时更新、动态监控、反馈调整,与时俱进地优化。

党的十八大报告明确指出,要做好高校毕业生就业指导工作,完善高校就业服务体系,最大限度地提高毕业生就业质量。对于在全国各区域经济体流动就业和择业的大学毕业生而言,不仅要实现就业梦,更要实现有质量的就业。要有公正、公平、公开、自由、双向选择的劳动力市场环境;要有合情、合理、合法的薪酬待遇和福利制度;要有各类社会保险机制;要有专业对口的就业岗位,使其真正发挥专业优势。

实现大学毕业生高质量就业,是国家繁荣、富强、昌盛的坚实基础,也是劳动力市场完备的重要保障。构建高品质的大学生就业质量评价体系,第一,要明确大学生就业质量评价体系的主要内容和基本标准。它主要涵盖大学生就业中的用人单位情况、就业工作的可持续性、职业环境、各种工资待遇、是否能够实现人岗匹配、工作场所保护等。对全国各区域经济体流动就业或择业的大学毕业生而言,实现高质量就业不仅需要国家相关就业政策、法律、法规等外部环境的保护,也需要用人单位的行业自律以及行业发展状况、行业招聘情况、行业用人环境等的保护,还需要大学毕业生自身各方面的努力。例如:大学毕业生是否具备符合劳动力市场的个性化需求的综合能力、扎实的专业理论知识、一定的专业技能、符合岗位要求的综合就业能力、较高的职业道德素养等;社会整体经济环境发展状况,如能否提供足够的就业岗位、能否提供具备一定技术含量的就业岗位等;劳动力市场人才使用和配置状况,如饱和度、效率等。第二,在构建高质量的大学毕业生就业评价体系时,要符合国家相关法律、法规要求,要遵守社会公德、职业道德,要符合劳动力市场发展的客观规律,根据劳动力市场的基本状况制定。在此,关键是在用人单位。对于用人单位而言,它的用人情况是评价大学生高质量就业的关键性因素。评价的主要指标要围绕着用人单位所提供的优良环境情况而定,如用人单位为大学毕业生提供的客观工作环境是否安全、简洁、舒心?工作环境是否有利于身心健康?各种办公软硬件是否具备?各种文化氛围如何?能否为大学毕业生所接受、所容纳、所遵循、所喜欢?各种管理制度是否规范、科学和合情、合理、人性化?用人单位内部的同事间、上下级间的人际关系是否和谐?各种用人竞争或晋升机制是否公开、公平、公正?用人单位的工资待遇怎样等。

对大学毕业生而言,工资待遇是他们在全国各区域经济体流动就业和择业的主要动因。它是大学毕业生综合就业和从业的衡量标准,也是吸引大学毕业生就业的主要动机。

对于大学毕业生而言，用人单位所提供的工资待遇是否与其自身综合能力相匹配，与自身的专业技能含金量相匹配，是他们择业和就业的重要影响因素。用人单位所提供的各种福利情况以及五险一金状况也是衡量大学毕业生就业质量的主要指标之一。如用人单位是否按照国家相关规定提供假日加班补贴、对女性"三期"期间的保护、基本的五险一金，以及年休未休补贴、加班有相应的加班费等。还有就是用人单位能否提供较为广阔的、有挑战性的、有发展潜力的晋升机会。对于在全国各区进行流动就业和择业的大学毕业生来说，是否有完善的培训体系和良好的晋升机会是其考虑就业区域的重要因素之一。他们中大多数人的就业希望就是不断得到肯定、赞赏、鼓励等。

高质量大学毕业生就业评价体系，侧重点应该放在以下几个方面，首先是要衡量大学毕业生自身是否具备相应的专业理论和扎实的职业技能，这是人职匹配的前提和基础。要衡量其综合性就业能力，如人际沟通能力、组织管理能力、书写能力、创新能力、较强的心理抗挫能力，是否具备一定的从业资质和执业资格，这是大学毕业生高质量就业的一个重要指标因素。其次是要评价大学毕业生是否具备一定的职业道德素养，要诚实守信、遵纪守法，能否自觉遵守用人单位的各项规章制度，自觉遵守国家相关就业的法律法规，自觉遵守劳动力市场的市场法则，能否公开、公平、公正、自由地参与岗位竞争，是否有基本职业立场和起码的职业态度、职业责任心。再次是要考察大学毕业生就业的对口情况，就业层次性、可持续性、科学性、长期性，就业的行业发展前景、就业意愿以及就业面的宽度与广度。最后是要对大学毕业生初次就业和再次就业情况、失业情况进行跟踪反馈，认真做好就业率、签约率、失业率的统计，并根据统计情况及时发布。作为国家相关部门，要根据大学毕业生就业动态情况，做相应的就业政策和鼓励措施调整；要对大学毕业生就业情况进行动态跟踪，及时推送相应问卷调查，了解其就业真实情况；要对各高校就业质量进行考核，通过社会第三方考评机构公开、公平、公正的考评，并将考评情况向社会、各高校及政府相关单位进行反馈。对于高校而言，大学毕业生毕业后仍然要时刻跟踪其就业动态，并形成综合性的评价，提出相应对策建议，为完善大学毕业生就业质量考评体系做出自身应有的贡献。

三、要加强管理，统一协调，形成合力，提升大学毕业生就业质量

对于大学毕业生而言，要实现高质量就业，需要各方面共同努力，形成合力。

首先，国家要积极发展经济，加快经济结构、产业结构转型升级，实现国民经济持续、快速、健康、和谐发展；要提供较为完备、系统化的就业政策、法律、法规，出台相应的鼓励性、扶持性就业措施，刺激劳动力市场，激发劳动力市场的活力，为劳动力市场的供需双方营造相应的宏观和微观用人环境氛围。国家相关部门要加大创业指导力度，引导部分大学毕业生参加各类创业培训，增强创业能力。

其次，用人单位要加快人才布局，优化人才结构，提供足够的就业岗位；要坚持提供公开、公平、公正、自由、双向选择的优良环境和招聘环节，坚持在用人过程中自觉

遵守国家法律法规，自觉遵守社会公德、职业道德，为大学毕业生提供合情、合理、合法的薪酬待遇、福利制度、工作环境、各种保障制度、晋升机会、培训机会等；要坚决摒弃在用人过程中的各种就业歧视现象；要加强与高校社会就业中介机构的联系，畅通就业渠道。

最后，对于高校而言，要改善办学软硬件环境，结合劳动力市场需要，优化学科体系和专业设置，提升师资水平，增强学科影响力和竞争力；要做到产学研相结合，坚持以人为本的办学理念，引导大学毕业生做好自身职业生涯规划，认真学习理论知识，加强专业技能实践，提升劳动就业能力；要加强校企合作，充分利用校园招聘、实习实践、校企合作方式，为大学毕业生顺利就业或择业提供帮助。对大学毕业生而言，"打铁仍需自身硬"，要经得起劳动力市场的检验，就需要用自身的综合就业实力去证明，要提升心理素质，提高职业素养，积极主动与劳动力市场做双向对接。

总之，在制定大学毕业生就业质量考评体系过程中，要坚持就业评价指标细化、完善、易懂、可操作性、科学性、实践性原则，在大学毕业生就业的薪酬待遇、工作幸福度和满意度、工作稳定性和可持续性、工作单位的性质、工作环境、工作方向、工作区域、专业匹配度、职业发展的现实性和可能性、就业的社会资本和成本等方面深入考察；要具有不同学科、不同专业、不同区域、不同类型的就业率、签约率、失业率的可比性；要有统一性、多样性、多层次性的考核标准，既要重视就业过程，又要重视大学毕业生就业的结果；要坚持"以评促建、以评促改、评建结合、重在建设"，坚持通过过程和结果评价来优化考评，发挥评价体系的最大优势和最大功效；要坚持政府专业权威考评、高校考评、社会其他的民间独立机构考评、新闻媒介考评相结合，确保考评结果客观、真实、有效、准确，特别是要积极引进具有一定资质的社会其他民间机构来参与独立考评。大学毕业生就业质量评价的内容、要求、类型、结果、程序要坚持实事求是，与时俱进。尤其是在大学毕业生就业状况的界定上要细化，要有可操作性、严谨性、科学性、系统性，要特别重视大学毕业生初次就业后的后续跟踪统计反馈，要坚决摒弃大学毕业生就业质量考评过程中短期化、功利化、虚假化行为。在大学毕业生就业质量考评体系中要增加大学毕业生就业思想状况的内容，要特别注重大学毕业生就业质量考评体系的权威性、科学性、实践性、阶段性、后续性、时效性和系统性；要加强调研，根据大学毕业生就业质量动态情况进行适当调整；要统一就业数据口径，确保就业各种统计数据真实、可信；要坚持利用现代传媒技术的力量，尤其是"互联网+"的技术优势，加快大学毕业生就业质量考评体系信息化进程，用科技力量推动大学毕业生就业质量考评体系的科学化。

第六节　优化人力资源投资，完善就业政策法规

列宁曾经指出："全人类的首要的生产力就是工人、劳动者。"人力资源通俗讲就是劳动力资源。学者赵履宽认为："人力资源包括体质和智能两个方面。智能包括智力、知识和技能三个方面，体质包括身体基本素质。"人才是最重要的人力资源，也是生产力中的根本要素，有了人才才能为全国各区域经济体发展提供足够的智力支持，才能为区域经济可持续发展提供不竭的动力。

一、全国各区域经济体要加快区域发展，优化人力资源投资及使用环境

对于在全国各区域经济体流动的大学毕业生而言，就业区域的选择影响因素是多方面的，有行业发展需要、区域吸引力、家庭因素、大学生个体职业兴趣与爱好、职业价值取向、工作环境、晋升机会、福利待遇、交通及娱乐便利、生活舒适度、薪酬水平等。其中一个重要的因素就是区域经济体的综合实力及吸引力。对于全国而言，由于历史和现实条件的影响，东部地区、西部地区、东北部地区和中部地区区域发展不均衡现象依然存在，但是这种不均衡现象的差距也会随国家或地区相关政策或措施的影响，也相对的变化。各区域经济体发展不平衡现状有多方面的原因，首先是由历史发展地位和现有自然条件的差异引起的，如各区域经济体不同的历史、政治、文化、经济积淀，以及各自独特的自然条件对区域经济发展的影响。其次是国家对区域经济体的资源投入情况也有差异，如基础设施投资规模、税收政策的扶持力度、各类教育含高等教育的投入情况、人才会聚情况、人才政策的倾斜力度等。再次是各区域经济体的三大产业的布局调整、优化、发展规模、速度及质量也会影响区域经济体发展，如东北地区长期以来由于国家发展战略的需要，主要以重工业为龙头，第二产业占据绝对优势，在新一轮产业结构调整过程中就面临减员增效、摆脱历史包袱、轻装上阵的问题。这就难免会引发改革的阵痛、经济发展迟缓、人力资源会聚能力较弱等问题。而东部地区地处沿海城市，产业结构调整得早，调整得快，一二三产业结构合理，尤其是第三产业发展迅速。众所周知，第三产业的发展可以有力地推进我国城镇化进程，有利于进一步解放和发展生产力，优化劳动力市场。第三产业的发展状况是衡量区域经济的一个重要标志，第三产业的发展有利于区域经济的发展。提高区域经济体人才的素质和综合实力，有利于进一步扩大就业的规模，有助于进一步改善区域经济体内人们的生活水平，推动区域经济体物质文明和精神文明双丰收。所以区域经济结构及产业结构不同也是造成全国各区域经济体发

不平衡的重要因素。最后是由于国家相关政策实施的时间不同，各区域经济体市场对外开放状况也是不一样的。全国各区域经济体市场对外开放，是指各区域经济体积极主动地扩大市场，加强与区域间、区域外、国外的经济交往，对市场和投资均持开放态度。全国各区域经济体市场对外开放是区域经济发展的必由之路，它顺应了国内外经济共荣共赢的发展态势。通过市场对外开放，全国各区域经济体积极参与国际和国内两个市场的交换和竞争，促进了区域经济的自我革新，促进了区域经济健康、和谐、可持续发展。各区域经济体市场对外开放是社会化大生产、大交换、大分配的客观要求，是推进全面建成小康社会和实现中华民族伟大复兴的中国梦的必由之路，是符合经济发展规律，加快推动我国现代化、工业化、信息化的必然选择。

邓小平同志曾经明确指出："关起门来搞建设是不能成功的，中国的发展离不开世界。"全国各区域经济体发展不均衡与各区域经济创办经济特区、开放沿海港口城市、建立沿海经济开发区、开放沿江及内陆和沿边城市的政策时间先后也有密切的关系。通过市场对外开放，区域经济体人力资源投资和发展也随之发生相应的变化，人力资本汇聚强弱也更加明显。学者赵伟认为："未来区域经济差距的变化在很大程度上取决于地区层次上区际开放进程和推动方式。"区域经济体发展不均衡与国内外区域经济体的投资状况也密切相关。国内外相关单位在区域投资的规模、方式、层次、质量方面也会影响当地区域经济发展的速度与质量。如直接或间接投资带来的当地就业人数的增加、经济活动的增强、产业结构的优化、改革观念和理念的更新、税收的增加、人才资源的增加、人才资源的优化等。对于投资方面而言，区域投资环境是影响其投资的重要因素。区域环境是指伴随着投资活动整个过程的各种周围境况和条件的总和。它涵盖自然环境、社会环境、法律环境、经济环境、政治环境等。外来各种软件与硬件的投资力度会极大地影响区域经济发展。各区域体投资环境的差异化、整体化、动态化、综合性，也会影响投资的信心与决心。如区域经济体内的基础设施是否完善便利，社会生活舒适度如何，投资市场相关法律是否健全，通信设施如何，投资地的治安环境能否带来相应的经济或其他方式的回报，区域经济的用地、税收、人才使用方面是否存在优惠政策，各种市场服务是否完备，行政机构效率如何，财务环境怎样，市场竞争环境如何，文化氛围怎样等。各区域经济体要想实现人力资源的优化配置，就需要在区域投资环境上下苦功夫，如转变投资的理念，按照社会主义市场和劳动力市场的规律办事，按照投资方的相关要求及国内外投资惯例，有的放矢地优化投资环境；要在区域经济体内逐步建立统一、开放、公平、公正、自由、竞争、有序的投资体系，要不断完善相关的法律法规，加快推进区域经济体制改革，不断完善司法体系；要不断提升政府行政的效能，提升政府服务的品质，推动政府服务信息化进程，为外来投资营造良好的软硬件环境，特别是要紧紧抓住习近平总书记提出的"一带一路"倡议，加快投资和贸易整体布局，加快区域经济结构的调整，要通过区域的投资来逐步缩小区域间的差距，增强区域经济体对人才的吸引力。

21世纪经济报道相关数据显示，2017年全国11个省份投资超万亿，西部投资增速保持强势。国家统计局相关数据也显示，上半年东部地区投资同比增长9.1%，中部地区增幅为10.1%，西部地区投资增长10.7%，东北地区投资则下降9.5%。由此可见，投资的基本状况也在一定程度上反映了全国各区域经济体的投资环境，各区域经济体要不断加快转变投资理念，加快产业结构升级换代，加大投资现代化力度，为引进人才营造更好的环境。

各区域经济体市场化程度不一也影响区域经济体均衡发展。区域经济体市场化是指区域经济体市场经济体制及运行机制的完善程度，是否是一个开放的市场，是否以市场需求为导向，是否以市场法则，如优胜劣汰为市场手段，区域经济内资源配置是否合理、科学，市场资源的利用效率是否实现最大化等。简言之就是区域经济体利用价格杠杆能否达到供需平衡，市场是否扩大，内容是否开放。市场化是区域经济体实现社会资源和人力资源要素优化配置的重要方式，是提高社会效率，促进区域经济持续、健康、全面发展，推动社会进步，实现人的全面发展的重要手段。它有利于促进区域经济体增强市场竞争力和活力，有利于促进区域经济体和谐发展，有利于推动科技的革新和经营管理方式的现代化。但单纯的市场化也存在一些风险，如滞后性、盲目性、自发性、欺诈性等。所以要把社会主义基本制度与市场化紧密结合在一起，构建全方位、宽领域、多层次的社会主义市场经济体系。

信息与科技发展的程度影响区域经济体均衡发展。邓小平同志曾经说过："历史上的生产资料，都是同一定的科学技术相结合的；同样，历史上的劳动力，也都是掌握了一定的科学技术……四个现代化，关键是科学技术的现代化。没有现代科学技术，就不可能建设现代农业、现代工业、现代国防。"马克思也说过："劳动生产力是随着科学和技术的不断进步而不断发展的。"全国各区域经济体不均衡发展与区域信息与科技的发展程度密切相关。科学技术是第一生产力，是推动区域经济和社会发展的重要力量，它可以促进区域经济内生产方式的变革，促进区域内生产资料和生产对象的革新，促进区域经济体内人力资源的综合素质的提升。它可以促进区域经济体内人的思维方式的变革，它是推动区域经济体经济发展和经济增长的第一要素，它对生产力发展起重要的推动和导向作用。历史和现实告诉我们：理论研究一旦获得重大突破，迟早会给生产和技术带来巨大的进步。对于全国区域经济体而言，科技和信息的差异也是明显的。这与各区域经济体市场化程度也有一定的关联性，区域市场开放、包容、自由，会提升科技的普及率和利用率，促进人力资源的优化配置。区域市场封闭、封锁、不流动，就会阻碍科技的发展步伐，无形中会降低不同区域生产要素的配置效能。科技发展也是推动区域经济调整、转型、升级的重要力量。所以，对于各区域经济体而言，要加大对人力资源的吸引力度，就需要构建区域科技创新平台；要加快区域科技园的建设和区域新兴科技产业的会聚，要不断引进外资，增加人才储备，充分利用人力资源，构建高新技术企业聚群，要充分利用当地高校、科研机构的知识和技术优势，不断强化校企合作，推动产学研融合；要结合区域经济特点，加快科技孵化，积极转化科技成果；要不断优化科技环境，加快构建便捷的科技服务体系；要建立科技专项发展基金，加大融资力度，为科技成果转化、科技成果普及推广、科技基础研究提供后勤保障；要加快构建政府公共研发和专业服务团队，不断提高企业及个人的科技研发能力，要提供完善的科技培训；要加快科技金融的布局，通过科技来推动区域经济体的产业升级换代；要用科技来转变区域经济体经济增长方式，不断构建网络科技研发平台，加快科技研发专业团队的培育。区域经济体要出台相应的科技扶持政策或鼓励措施，为区域经济体科技发展提供政策保障；要不断优化科技研发成果的评价考核体系，实现区域科技发展的动态监控；要坚持实施"科技走出去和请进来"的发展战略，积极吸收国内外科技的前沿成果；要积极搭建各种科技创新平台，加快小微企业科技创新发展步伐，鼓励科研人员学以致用，特别是要加大科技孵化园的招商力度，要积极引导区域经济体内各类闲散资金投入，科技创新要加大宣传普及力度，使全社会形成一股科技创业的良好氛围；要考虑构建跨区域科技协作创新机制和模式，发挥全国不同区域科技创新的优势，通过密切合作，实现科技资源的共享与优势互补；要充分发挥科技在区域经济发展中的引领和辐射作用，在区域经济体内外形成信息互通互联，科技共享共用，服务互相支撑的良好局面。区域经济体要坚持以科技创新为引擎，以产业合作作为主线，实现科技创新落到实处，特别是要用科技来提升区域经济的创新能力，提高科技在区域经济发展中的贡献率。

《中国区域创新能力评价报告2016》发布，江苏、广东、北京位居前三位。数据显示：2014年我国研发经费投入总量为13015.6亿元，与往年相比增幅为2%左右，发明专利数为157795件。由此可见，我国科技创新能力十分强劲，发展势头良好。2016年全国区域创新能力综合排名前十名地区依次是：江苏省、广东省、北京市、上海市、浙江省、山东省、天津市、重庆市、安徽省和陕西省。由此可见，东部地区科技综合实力仍然遥遥领先于其他地区，而中部崛起势头强劲。科技创新程度高的地方，区域经济发展形势也比较好。而西部，尤其是东北地区科技发展明显滞后，拉动经济发展的动力依然不足，传统靠纯粹的资金投资要素驱动的旧模式有待转变，发展新经济形态，培育经济增长新动力，推动科技驱动体系和效能仍有待加强。相关报告数据也明确指出：2014年企业对全社会研发经费的增长贡献率为84.2%，这表明企业仍然是区域经济体科技创新的主体力量。对于东部地区，科技创新有良好的基础，如丰富的高校资源和研发人才优势、能获得更多的科技创新动力。而对于其他地区，如何寻找科技发展新的动力源有待进一步探索。区域经济体要加大产业升级换代，结合当地企业特色，因势利导，推动优势产业发展，实现创新驱动跨越发展。

二、要加快人力资源优化配置，实现区域可持续发展

对于全国各区域经济体而言，其要实现可持续良性发展，需要加大对人力资源的优化配置，尤其是大学毕业生群体的吸引力。约里奥－居里说过："要使山谷肥沃，就得时常栽树。我们应该注意培养人才。"2015年3月5日下午，中共中央总书记、国家主席、

中央军委主席习近平在参加十二届全国人大三次会议上海代表团审议时曾经明确指出："要择天下英才而用之，实施更加积极的创新人才引进政策，集聚一批站在行业科技前沿、具有国际视野和能力的领军人才。"邓小平同志也指出，"尊重知识，尊重人才"，"要创造一种环境，使拔尖人才能够脱颖而出"。关于全国各区域经济不均衡问题是客观存在的，这不仅与它们的自然和历史环境、现实条件有密切的关联，更为重要的是各区域经济体对人力社会资源的价值取向，以及鼓励和支持政策与措施密切相关。在全国各区域经济体流动就业或择业的大学毕业生，就业区域和就业定位要考虑许多因素。区域经济发展状况以及就业的空间是其重要影响因素。对于区域经济体而言，基础设施、用人成本、社会治安环境、就业环境、文化氛围、经济环境、交通便利、通信迅捷、市场化程度都是吸引人才的重要动因。对于区域经济体而言，其经济发展或者增长速度不同是显而易见的，也是导致区域经济不均衡的重要原因。新古典经济增长模型显示：经济增长取决于资本和劳动力要素的投入情况，且收入水平低的国家或地区的增长率将高于收入水平高的国家或地区。如此经过一定的发展阶段，国家或地区之间的人均收入差距将不复存在。美国经济学家所罗门·法布里坎特认为："经济增长快于投入增长的原因，一是规模经济效应导致的报酬递增，二是劳动者素质的提高，后者是最主要的原因。"所以，对于区域经济体而言，人力资源的教育投入与优化合理配置，对区域经济增长会起到推动作用。大学毕业生群体的区域会聚会极大地提高区域经济体内劳动者的素质，改变区域体内人力资源的结构、层次及质量，提高劳动力的综合素质。根据传统的区际分工理论，区域分工决定于生产要素（土地、劳动力、自然资源与资本）的区际差异以及由此而形成的区域比较优势。在全国各区域经济体流动就业或择业的大学毕业生，其就业区域的选择会使区域经济内的分工更加多样、精细，促进区域经济体内经济结构和产业结构的转型升级。大量的拥有较高素质的大学毕业生涌入各区域经济体，使区域经济体内的产业由劳动密集型逐渐向知识密集型转变。区域经济体通过大量吸收高素质的人才，充分发挥人才优势，提升区域经济竞争力，不断推动技术创新、服务创新、产品创新、产业创新。人力资源区域内的会聚，可以极大地克服区域经济体自身所固有的自然条件的限制，推动市场化进程，提高产业的竞争力，提升区域经济体的生产率。人力资源区域内的大量会聚，由于人才供过于求，劳动力市场的优胜劣汰，也会在一定程度上降低用人成本。与此同时，人力资源的汇聚也极大地推动区域经济的创新能力的提升、劳动大军数量的增加。人力资源的教育的大量投资，人才知识结构的变化，人才市场需求结构的改变，科技转化为成果的速度也在加速，新的产业应声而出，新的经济发展动能明显，区域经济体经济自然随之增长。对各区域经济体而言，要不断摆脱对物的依赖。各区域经济体要逐渐向人的发展要动能、要效率、要效益，通过抓住人这一根本生产要素来推动经济增长，要不断加大对人力资源的整合力度，为区域经济体可持续发展提供取之不尽、用之不竭的人力资源和智力资源。

三、要完善就业相关政策，为大学毕业生流动就业提供制度和法律保障

卡尔·弗里德里希提出："公共政策是在某一特定的环境下，个人、团体或政府有计划的活动过程。提出政策的用意就是利用时机，克服障碍，以实现某个既定目的或达到某一既定的目的。"学者陈振明认为："政策是国家机关、政党及其他政治团体在特定时期为实现或服务于一定社会政治、经济、文化目标所采取的政治行为或规定的行为准则，它是一系列谋略、法令、措施、办法、方法、条例等的总称。"2013年5月14日，习近平总书记在天津考察时明确提出："就业是民生之本，解决就业问题的根本要靠发展。要切实做好以高校毕业生为重点的青年就业工作，加强城镇困难人员、退役军人、农村转移劳动力就业工作，搞好职业技能培训、完善就业服务体系，缓解结构性失业问题。"2015年4月28日在庆祝"五一"国际劳动节暨表彰全国劳动模范和先进工作者大会上的讲话中，习近平总书记再次强调，"党和国家要实施积极的就业政策，创造更多就业岗位，改善就业环境，提高就业质量，不断增加劳动者特别是一线劳动者劳动报酬"，"要不断营造环境、搭建平台、畅通渠道、创新方式，为广大职工成长成才、就业创业、报效国家、服务社会创造更多机会，为广大职工参与企事业单位民主管理、参与国家治理和社会治理打开更广阔的通道"。大学毕业生在全国各区域经济体流动就业或择业是一项系统性、综合性、长期性、复杂性、动态性的工程，它不仅需要国家、社会、用人单位、家庭、大学毕业生自身的共同努力，也需要适宜的就业政策营造更加公开、公平、公正的就业环境、氛围。

1. 国家要坚持顶层设计与"摸着石头过河"相结合

大学毕业生的就业政策是国家阶级意志、利益的集中体现和具体表达方式，是服务于劳动力市场的社会经济可持续、健康发展的重要保障，是用人市场各种利益攸关体复杂、多样、多元利益的调节法宝。就业政策要发挥其在服务大学毕业生在全国各区域经济体流动就业或择业中的最大效用，就需要在具体内容、社会地位、服务范围、执行效果和作用、后续修正等方面体现出来。对于大学毕业生而言，国家相关就业政策的出台具有其独特的社会功能。

一是导向功能。就业政策的出台对大学毕业生而言，就好像一根"指挥棒"，它引导大学毕业生在全国各区域流动就业或择业过程中的就业定位、就业区域、就业方向、就业领域、就业渠道、就业层次以及就业质量。它明确了国家和社会对人才选择的具体要求及保障措施。古罗马著名法学家西塞罗说过："法律用惩罚、预防、特定救济和代替救济来保障各种利益。除此之外，人类的智慧还没有在司法行动上发现其他更多的可能性。"古希腊哲学家亚里士多德也说过：要使事物合乎正义（公平），须有毫无偏私的权衡，法律恰恰正是这样一个中道的权衡。晋朝傅玄在《傅子法刑》中提出："立善防恶谓之礼，禁非立是谓之法。"宋朝苏轼在《策别安万民六》中也提道："小恶不容

于乡，大恶不容于国。"对劳动力市场而言，各种复杂、多元、冲突、动态的利益往往纠缠在一起。国家需要通过制定系统、完善的就业政策来引导劳动力市场各种利益相关方，使其懂得该做什么，不该做什么，能做什么，不能做什么，如果违反将会承担怎样的法律后果，以及告诉各方需要怎样做，只有这样才能营造一个健康、和谐的劳动力市场环境。通过就业政策的出台实施，来推动社会主义市场经济良性发展。

二是调控职能。国家相关就业政策的推行，对于大学毕业生在全国各区域经济体流动就业或择业起到调节和控制作用。现有的大学毕业生就业难、就业苦的根本性矛盾在于就业结构性矛盾，即在区域用人市场中出现区域人才不适应、人才不匹配问题，在东部地区由于其经济发展迅速，劳动力市场出现了人才供给供过于求的问题，而在其他地区，尤其是在东北地区，人才市场供不应求，人才外流现象严重。国家通过就业政策或鼓励措施来扶持、支持、鼓励大学毕业生在全国各区域经济体有序、合理、理性流动就业或择业，通过就业政策来调控大学毕业生在全国各区域流动的规模、速度、结构、层次、方式等，通过大学毕业生的流动状况反馈来适当地补充、修正就业政策，使就业政策与大学毕业生在全国各区域体流动就业或择业相得益彰、互相促进。

三是协调功能。大学毕业生在全国各区域经济体流动就业过程中有许多因素在起作用，大学毕业生自身的职业生涯规划，社会经济对劳动力的个性化需求，用人市场中的择人、用人规则，高校就业部门的努力推动，国家相关部门的协调等。对于大学毕业生而言，就业政策的作用在于用法律的手段来弥补单纯靠就业市场的不足和缺陷。伯克说过："法律的基础有两个，而且只有两个——公平和实用。"德国哲学家黑格尔在《法哲学原理》中明确指出："法律决非一成不变的，相反地，正如天空和海洋因风浪而起变化一样，法律也因情况和时运而变化。"我国正处于全面建成小康社会和实现中华民族伟大复兴的中国梦的关键时期，社会主义市场经济体制改革进入"深水区"。在劳动力市场中会出现各种形形色色的利益体，既有和谐相处的一面，也有矛盾冲突的一面。单纯靠自律无法彻底地摒弃各种假、恶、丑的不良行为，要依靠法律，通过他律，通过外在的强制性力量来引导劳动力市场，规范自身的行为。布迪厄说过："谁占有法律语言，谁就占有相关的资源和利益。"对国家而言，要通过出台就业相关法律法规来协调大学毕业生在全国各区域经济体流动就业或择业中的各种新就业行为，优化人力资源配置，实现人力资源效用的最大化，来为社会主义现代化建设获取更多的智力支持；通过就业政策来明确政府就业部门的行为，提升就业服务的品质，提高就业的行政效率；通过就业政策，进一步规范用人单位的选人、用人的各个环节，维护大学毕业生的合法就业权益，打击损害大学毕业生就业中合法权益的各种不法侵害行为，规范社会各类就业中介的市场行为，维护用人单位的合法权益。对于国家而言，在出台各项就业政策过程中，要明确主体责任、作用、功能，清晰了解劳动力市场与就业利益相关的各个实体情况，全面了解整个就业环境的历史与现实变化，有计划、有目的地进行。

首先，对于国家就业相关政策制定者而言，要在坚持社会主义和爱国主义的前提下，在尊重我国基本国情,坚持中国共产党的领导和依法治国的基础上,坚持以事实为依据、以就业法律为准绳的基本立法原则,借鉴和吸收国内外各项就业政策的成功经验,整合社会各项资源和智慧,制定符合劳动力市场规律,与我国经济社会发展相适应的就业政策或法规。国家就业政策制定要着眼于当前大学毕业生在全国各区域经济体流动就业或择业所面临的种种现实问题、各种各样的就业矛盾及冲突所产生的根源,要有优先顺序,先解决长期的、较为严重的、引起各方利益冲突的、又急迫的社会问题。在制定就业政策过程中,事先要注意调研,事中注意跟踪,事后注意反馈。社会主义市场经济条件下,劳动力市场也发生了许多新的变化,劳资双方招聘行为也有许多新的势头,大学毕业生在迈向人才市场的过程中,在从事社会生产的过程中也会产生各种各样的、错综复杂的就业利益关系。由于大学毕业生在全国各区域经济体流动就业或择业过程中数量庞大,职业需求个性化、多样化,利益需求也不同层次、不同性质,这些就业利益或权益互相影响、交融、碰撞,形成各种就业利益链。国家在制定就业政策过程中,要正确处理好劳资双方的利益,既要照顾到大学毕业生个体,又要兼顾到国家、社会、集体、用人单位等,既要注意保护大学毕业生短期利益、长期利益,又要兼顾到个人利益、集体利益、国家利益,要有整体意识,将局部的就业利益与整体利益紧密地联系在一起。国家在制定就业政策过程中,要充分了解就业政策发生作用的就业问题的各种不同性质和特点,要了解所出台的就业政策所涵盖的就业利益攸关体的多样化需求、不同心态。出台的就业政策要具有科学性、系统性和可操作性,能被劳动力市场的就业共同体理解和支持,能够拥有执行政策的环境。充分发挥就业政策的作用,能够取得预期的效果。在出台就业政策过程中要结合国内外社会经济环境的变化而适当的变化。政策环境包括两个方面,内部环境和外部环境。社会内部环境是指生态系统、生物系统、个人系统以及社会系统。而外部环境是指社会本身以外的环境系统,它们是国际社会的功能部分,或者我们可以将其理解为超社会、超系统环境。

其次,国家在制定就业政策时,要以当前社会经济发展水平为重要依据,要做客观、全面的考量。国家在出台就业政策过程中,要密切了解全国各区域经济体人力资源流动、配置、利用的动态,要有适当的区域就业倾斜及鼓励扶持措施,既要注重就业政策连贯性、科学性,又要适当地留有一定的修正空间、调整幅度。在社会生产和生活中,人与人之间的矛盾、冲突、焦点很大程度上集中在社会物质经济利益冲突上。劳动力市场环境下,供需双方皆有不同的利益需求,既有和谐可调和的一面,又有冲突矛盾的一面,要充分了解社会物质利益在劳动力市场中产生的根源,抓住主要矛盾和矛盾的主要方面。在出台就业政策过程中,要与社会各项就业政策相吻合。学者斯诺指出,"制度提供了一种经济的刺激结构,随着该结构的演进,它规定了经济朝着增长、停滞或衰退变化的方向","没有适当的制度,任何有意义的市场经济都是不可能的"。邓小平同志曾经说过:"制度好可以使坏人无法任意横行,制度不好可以使好人无法充分做好事,甚至会走向反面。"学者杨雄在《杨子法言》中说道:"道有因有循,有革有化。因而循之,与道神之。革而化之，与时宜之。"所以，国家在出台就业政策时，要充分了解我国现有的各种体制，要与体制精神相一致，特别是政治体制、法律体制和经济体制，还要与社会精神文明、生态文明、政治文明相吻合。就业政策的实施和推广要起到良好的导向作用，特别是在政治价值观导向与政治理想的抉择上，要通过就业政策引导大学毕业生在全国各区域经济体流动就业或择业，牢固树立科学、合理、理性的职业价值观，积极践行社会主义核心价值观。

最后，在制定和出台就业政策过程中，也要了解国际上其他国家在就业上的成功做法，结合国际经济发展的现状及趋势。学者李慎之指出："全球化是已经开始了的过程，是已经出现的大趋势，任何看不到这个大趋势的研究都是盲目的，任何违反这个大趋势的决策都是错误的。"国家在出台就业政策过程中要有一定的前瞻性，与当前经济发展趋势，全球化、市场化、知识化、资本化、科技化、信息化相一致。就业政策的制定出台，要与就业市场信息、就业政策参谋、就业政策决断、就业政策执行以及就业政策调控组成一个大系统。就业政策的制定要从劳动力市场现实的就业问题以及政策出台的重要性、必要性，具体内容的解决方案，设定可行性的就业政策内容开始，要将就业政策的具体内容付诸实践，解决实际存在的就业问题。荀子在《荀子·儒效》中指出："不闻不若闻之，闻之不若见之，见之不若知之，知之不若行之。学至于行之止矣。"布拉德利说过："如果你不带偏见地考虑问题，如果你思考一下这些准则的一般性质，你就可以得出一个完全不同的结论，因为所有的准则事实上都是在实践之上的。"所以，就业政策的关键环节在于落到实处。要加强对就业政策的评估，特别是就业政策实践过程中的量化评估，效果如何，效率怎样，有效性怎样，优势点在哪里，成功的经验和失败的教训何在？要对就业政策进行全程监控，使就业政策的权威性、科学性、实践性和合法性落实到就业的各个环节中去。当发现该就业政策的历史使命已经结束时，就需要采取必要措施来终结它，或者对它进行适当的修正或调整。

2. 各区域经济体要因地制宜出台相应的就业政策

对于区域经济体而言，人力资源的使用与调配直接影响到区域经济的发展状况，各区域经济体的经济发展不均衡情况仍然存在，区域内外人才结构性矛盾依旧十分突出。对于在全国各区域经济体流动就业或择业的大学毕业生而言，就业区域的选择与该区域内就业政策或人才扶持、人才奖励政策或措施密切相关，各区域经济体要根据国家法律法规，在条件允许的条件范围内，加大对大学毕业生就业的资金投入力度，为实施区域就业保障措施创造条件。要主动利用财政资金，支持当地小微企业，向劳动密集型集体倾斜，增加就业岗位，在税收方面要通过企业减免，适当提高征税基点，减少征税名目，推动区域产业升级换代。要出台优惠税收政策，鼓励大学毕业生在区域内落户生根。要充分发挥货币政策的宏观调控职能，加强金融方面的服务，为大学毕业生自主创业提供必要的资金优惠，要积极提供就业信息，开展就业政策咨询和服务。要跟踪服务，推动"大众创业、万众创新"。要积极培育和发展社会中的就业中介机构，鼓励他们发挥应有的作用。

要通过产业发展战略推动经济转型和产业结构调整。要大力发展第三产业,加大就业政策扶持力度。要通过就业政策,鼓励大学毕业生以创业带动就业。要支持和完善自主创业,为大学毕业生在用人、贷款、经营场所、技术指导等方面提供服务。要不断简化大学毕业生在区域内就业或择业过程中的各种就业手续。要严格规范企业在招聘人才过程中的收费行为。要不断改善就业或创业环境。要鼓励大学毕业生在区域内多渠道、多形式就业或择业。要完善工资支付制度,完善就业与社会保障的相应配合,为大学毕业生在区内就业和择业提供支持。要不断推动区域内城乡平等就业。要采取必要的法律措施,坚决破除在就业过程中的各种歧视现象。要创设更加公平开放、自主竞争、多元的就业环境。要加强对大学毕业生在全国各区域体就业或择业过程的分类指导。要结合当地生产特色,引导大学毕业生就近或就地就业。对于大学毕业生在偏远地区、少数民族地区、贫困地区就业或择业,要给予必要的经济奖励和发展空间。要积极做好大学毕业生征兵工作。要加大对就业困难群体大学毕业生的扶持力度,保证他们顺利就业或择业。要鼓励大学毕业生返乡就业或创业,消除区域内外各种阻碍流动就业的制度壁垒,鼓励大学毕业生在全国各区域经济体有序、合理、理性就业或择业。要进一步完善大学毕业生职业培训、就业服务和劳动维权"三位一体"的工作服务体系。要通过就业政策的制定与实施,加快构筑区域内高端、专业技术人才,不断充实各层次、各梯队的专业技术人才,实施更为开放的人才发展战略。要通过就业政策的激励,鼓励海外学有所成的人才回国,为国家做贡献。要不断完善人才培养和考核评价机制体制,规范人才职业资格准入制度。要通过就业政策,鼓励地方高校、科研机构与当地社会相关部门紧密配合,形成产、学、研深度融合。要加强科技成果转化工作,鼓励学有余力的科研人员深入企业一线,参与生产与建设。要通过就业政策破除城乡二元条块分割局面。要加快劳动力市场的发展步伐。要健全完善政府部门宏观经济调控和提供更加优质的公共服务。

3. 国家要不断加大对人力资源教育及培训的投入力度

要建立系统化、综合化、专业化、知识化、信息化、科学化、产业化的人力资源服务体系,基本实现人才公共服务体系健全、完备。要开展以产业调控、政策支持和环境塑造为一体的人才鼓励和支持措施。要加大人力资源的教育投入。要加强对暂时性失业大学毕业生的社会救济。要建立区域内未就业大学毕业生的档案,帮助大学毕业生顺利就业和择业。各区域内党政机关公开招考要适当向应届生倾斜,要积极为在全国各区域经济流动就业或择业的大学毕业生办理户口和人事档案提供必要的支持和帮助。劳动保障部门还要积极为暂时性未就业大学毕业生提供额外的公益岗位,并给予适当的报酬,为他们再次就业或择业提供缓冲。要积极鼓励大学毕业生个体多渠道就业,加强大学毕业生的各类职业技能培训,并提供相应的补贴。要建立健全失业保险、社会救助与就业的联动机制。各区域内党政领导干部要思想高度重视,统一领导,与就业相关部门协调配合。要加强对区域内大学毕业生的就业现状进行分析,协调解决大学毕业生在就业过程中的突出问题。要定下就业目标,确保区域内大学毕业生能顺利就业或择业。要增强全局意识和危机意识，充分发挥社会各界有志之士及各团体的力量，为大学毕业生就业出谋划策、搭桥牵线。要将就业政策纳入各级政府部门的考核范围，明确就业任务，落实就业政策，优化就业和创业服务。要确保大学毕业生就业的财政补贴到位。要不断建立和健全区域内大学毕业生就业状况的监控体系。要充分利用互联网的相关现代传播技术，坚持正确的就业舆论导向。要将就业政策落实到每个大学毕业生身上，使他们了解就业政策，公平、公正地享受就业政策的福利。要加大对经费、办公软硬件设施的投入力度。要建立大学毕业生区域内流动就业或择业的定期或不定期情况发布制度。要利用就业政策开展正面宣传，积极普及成功经验，宣传大学毕业生就业的先进典型。要引导大学毕业生在全国各区域经济体流动就业或择业过程中树立科学、理性的就业价值观。要确保就业政策指令落实到位，促进区域经济体的有序、健康、和谐发展。

第七节 努力消除大学毕业生在就业中的各种就业歧视行为，构建公平有序的劳动力市场

一、消除大学毕业生的各种就业歧视行为

就业歧视是指：没有法律上的合法目的和原因而基于种族、肤色、宗教、政治见解、民族、社会出身、性别、户籍、残障或身体健康状况、年龄、身高、语言等原因，采取区别对待、排斥，或者给予优惠等任何违反平等权的措施侵害劳动者劳动权利的行为。我国宪法第三十三条明确规定：中华人民共和国公民在法律面前一律平等。对于大学毕业生而言，用人单位的就业歧视意味着就业排斥或就业岗位排他性。以一个新闻为例，某报道指出："某企业在招聘员工的通告中写道：'以下五类人不要：简历丑的，研究生博士生，开大众的，信中医的。'"从中我们可以获得的相应信息如下："简历丑的"意味着书写能力歧视，"研究生博士生"说明学历歧视，"开大众的"是身份歧视，"信中医的"是信仰歧视，还有一些如属相歧视、星座歧视，尤其是找工作过程中的性别歧视。另一组数据也佐证了大学毕业生在全国各区域经济体流动就业或择业过程中碰到的种种歧视，据中国高校传媒联盟面向来自100余所高校的105名高校毕业生进行问卷调查，结果让人大吃一惊，大约75.7%的大学毕业生坦言在找工作时碰到各种各样的歧视。这不得不引发我们的思考，如何来采取必要措施或手段来尽可能消除就业市场中的各种歧视行为，破除各种不公现象，净化用人市场，还大学毕业生一个朗朗晴天。

1.就业歧视意味着社会排斥行为的产生

大学毕业生在全国各区域经济体流动就业中碰到的种种歧视现象，意味着部分大学毕业生因各种原因缺乏公平的机会去参与就业和择业，也就是说在参与劳动力市场竞争过程中被人为地边缘化或被隔离开来。毫无疑问，就业市场中的供需结构性矛盾以及供

需双方占有资源的不对称性是导致这些歧视现象的重要原因，各种就业歧视导致就业不公现象屡屡发生。就业歧视极大地降低了劳动力市场的活力和效率，损害了劳资双方公平透明的市场环境，损害了社会的和谐，破坏了社会的稳定，造成了人力资源的极大浪费，引发了劳资双方的种种矛盾。这就极大地引发了大学毕业生在全国各区域经济体流动就业或择业的不必要的焦虑，导致歧视现象频发。它的直接后果就是部分大学毕业生由于就业歧视而出现就业难，失业多，收入差距拉大，人力资源无法充分发挥其潜能。那么为什么会有就业歧视？是"天灾"还是"人祸"？如果是"人祸"，它的背后又隐藏哪些值得深思的问题呢？是为了削减开支？金钱的缘故？文化倾向选择？提升工作效率？拉近贫富差距？节省人力？为了才尽其用？制度安排？主观偏好？历史习惯？难道劳动力市场不是社会主义市场的组成部分，是人为计划市场？对于大学毕业生而言，个人主客观因素、家庭背景、价值倾向、性别、父母所属阶层，与个人从事的职业有相关性。就业歧视人为地排斥竞争性，将某些人刻意隔离在职场之外。用人市场中出现的种种就业歧视在许多程度上影响了用人的效率。一方面，它剥夺了某些大学毕业生进入人才市场的参与机会，增加了他们的求职成本。另一方面，它人为地造成人力市场畸形化发展。那么，种种就业歧视是否对用人单位一方、单方受益呢？实践证明，这是一种双输行为，对于求职一方的大学毕业生而言，丧失了求职机会；对于需求方的用人单位而言，无形中也增加了招聘成本，蒙受其他损失，如为了满足所谓的偏好而付出重大的成本代价。它往往会导致人力资源效用的最小化。对于用人市场而言，自主择业、双向就业、公平竞争是劳动力市场的不二法则。竞争对双方都是一把双刃剑，竞争有利于破除不必要的人为保护。市场是否有魔力彻底消除大学生在全国各区域经济体流动就业或择业的种种歧视行为呢？事实证明，用人市场同样也有其自身不可调和的矛盾，依靠其自发的力量无法打破就业歧视这一魔咒。这是因为一方面，劳动力市场为全体大学毕业生公平参与就业竞争提供了一个相对的稳定环境，另一方面，由于劳资双方在资源占有率的不平等、不科学，也导致种种就业歧视现象发生。如何来消除这种就业歧视，除了依靠某些用人市场的调节力量外，也需要整合社会种种力量，做出相应的制度安排，共同来优化人力资源配置，谋求公平。

2. 就业歧视的具体内容

一是性别歧视。性别歧视主要是基于社会劳动分工而产生性别化差异，女大学毕业生进入人才市场后，相对于男毕业生而言，由于生理或心理上的差异导致受到种种不公正的待遇，特别是被某些行业在招聘、职务晋升、经济待遇等方面排斥，被边缘化。例如，某些单位在招聘信息中明确表示"仅限男生"或"男生优先"，有的更加直白地表示"除女生外"或"不招女生"。还有些用人单位在选择面试或笔试对象时对男女毕业生明显表现出亲疏，对女生简历挑三拣四、苛刻对待，甚至直接弃用等。另外有些单位在女生入职后提出苛刻的条件，如几年内不能谈恋爱，不能嫁人，不能生孩子，甚至提出生孩子要事先向单位打报告等荒唐要求，又比如，在职务晋升方面优先考虑男生。在就业岗位特别是中高层次岗位上优先录用男生，在不少高科技含金量较高的行业中女性领导职位较少。有些单位在招收女生入职后，在薪水待遇、福利水平、工作环境等方面也存在歧视，甚至出现男女毕业生同工不同酬现象。第二期中国妇女社会地位调查提供的数据如表 5-2 所示。

表 5-2 中国单位提供保障福利待遇性别差异

保险福利待遇分类	男性享受比例	女性享受比例	女性与男性享受比例差
医疗保险	61.51	50.74	-10.77
退休金与养老保险	69.84	63.32	-6.52
生育保险	31.25	25.41	-5.84
工伤保险	42.99	30.99	-12.20
病假工资	61.85	53.06	-8.79
住房补贴	44.12	36.64	-7.48
带薪休假	43.54	35.86	-7.68

表 5-2 直观地显示出在劳动力市场中，男女生在就业过程中体现出很明显的性别歧视。部分女大学生在用人市场中甚至由于性别原因而被排斥在社会行业之外。女大学生在就业中遇到的种种性别歧视不仅极大地挫伤了她们的就业主观能动性和积极性，对她们的身心也造成了极大的损害，甚至引起反社会人格的产生，不仅无形中增加了女大学生求职的机会成本，也造成了人力资源的巨大浪费。它也导致某些女大学生产生错误的就业认知，如为了就业可以不择手段、"学得好不如长得好，学得好不如嫁得好，学得好不如家庭背景好"等，这也挫伤了她们的求职动力。

二是学历歧视。如有些单位在招聘公告中明确提出只招国内"985"或"211"高校学生，只招博士或研究生，不招大专生。部分高校在招聘教师时甚至要求其学历出身也要好。如在招聘博士或硕士时要求本科段必须是"985"或"211"。本科段必须与招聘专业相一致，查学历，查三代。对于那些通过非全脱产如半脱的大学毕业生正眼都不看一下，如通过网络函授及成人高考获得大专本科学历，通过自考获得学历，一律不考虑。这种将学历或学位作为选拔人才的唯一标准的做法是否合理呢，这明显是错误的。某省对 2016 届 20 名博士毕业生做了一个调查，问题是：博士毕业生在择业中是否会受本科段学历的影响。结果出乎意料，80% 的博士毕业生表示在寻找工作过程中，部分高校招聘教师明确表示不仅看专业，更要看本科段专业与将来从事的专业，即受到部分高校招聘过程中原始学历歧视。这与国家科教兴国战略与人才强国战略背道而驰，也会极大地挫伤大学毕业生继续深造的勇气与信心，这是一种明显的以偏概全的用人歧视行为。用人单位在招聘过程中要招到合适人才，必须营造公平公正的招聘环境。应当赛马而不是相马，要让受到各种学历歧视的大学毕业生在用人市场中都能有一席之地。如果人为地设置学历障碍，结果只会损害了社会的和谐发展。各种名校崇拜、学历崇拜的偏颇思维是一种歧视行为，人为造成人才的高消费，也造成人才的巨大浪费。这种攀比心理不可取，不可长。英雄应该不问出处,谁是英雄,要在职场上见分晓,在个人专业能力和综合素质上分出高低,要在社会上形成一种"崇尚一技之长,不唯学历,凭能力"的良好氛围。

三是市场性歧视。它是指用工市场中某些用人单位在招聘人才中用异样的眼光,戴"有色眼镜"来歧视大学毕业生。如在招聘中增加要招有相关行业经验的毕业生,以某种不良社会风气给大学毕业生扣"帽子",认为大学毕业生不肯吃苦、对公司文化不大认可、自私自利、忠诚度不够等。这种显性限制和排斥,对用人制度是一种明显伤害。如公开歧视大学毕业生、对不同信仰的大学毕业生在招聘过程中持不同的态度等。这种排斥导致大学毕业生在全国各区域经济体流动就业或择业过程中处于极不稳定的状态。在这种歧视性用人市场环境中,大学毕业生很难融入其中。

四是地域歧视。就业地域歧视是指基于地域间差异而形成了一种就业"区别对待",这是由地域文化差异、经济发展不平衡、人类心理活动等因素引起的。在用人市场中,地域歧视主要表现在人为地把大学毕业生划分为城市人和农村人、外乡人,还有就是妖魔化区域人们的职业特性。它是由地区发展不平衡以及区域间的利益矛盾冲突造成的,本地人所谓特殊的优越性反射在用人市场,就形成一种歧视外乡人的思想。如认为外乡人的大量拥入会占有他们的资源、抢走他人的饭碗等。特别要注意的是国内某些经济区域体人们之间互相"黑"对方,妖魔化对方,形成一种十分刻板的印象,损害了地域间的互联互通。

五是互联网就业歧视。信息时代,互联网充斥社会各个方面,大学毕业生个人、家庭、社会、国家、用人市场连为一体。互联网就业歧视主要表现在通过互联网传播,人为地造成歧视。大学毕业生就业不良氛围促使大学毕业生疏离了社会,割裂了与用人单位的联系,它使大学毕业生部分丧失了就业的信息,阻碍了大学毕业生在全国各区域经济体的自然有序的流动。它使大学毕业生在求职或就业中部分丧失了社会支持系统的支持,特别是网络就业这个庞大的资源也随之被人为分离。

3. 就业歧视的问卷调查情况分析

劳动力市场对大学毕业生的各种就业歧视,在某种程度上表明中国劳动力市场在规范化方面仍需加强,也反映了部分用人单位追求所谓的经济行为。对于用人单位而言,择人的目的非常明确,就是要用人。而用人需要成本,成本来自所谓的精打细算,来自某些投机取巧行为。虽然我国的《中华人民共和国宪法》《中华人民共和国劳动法》《中华人民共和国合同法》《中华人民共和国妇女权益保障法》等相关法律都清晰明确地表明人人都应享有基本的就业平等权利,但在现实用人单位招聘中各种就业歧视现象仍随处可见。对于大学毕业生而言,在全国各区域流动就业或择业的压力已经不小,再加上就业歧视,这使得他们在寻找理想职业的道路上越来越艰辛。针对劳动力市场用人单位在招聘过程中的就业歧视问题,笔者做了一份调查。2015年5月15日至6月15日,对福建五所本科院校共发放问卷2000份,有效回收1865份,回收率为93.25%,男生1048份,占56.19%;女生817份,占43.81%。其中,本科生中女生为684人,占36.67%;

硕士为94人，占5%；博士为39人，占2.09%。城镇户口为1246人，占66.8%；农村户口为619人，占33.2%。东部地区842人，占45.14%；中部地区474人，占25.41%；东北部地区89人，占4.77%，中部地区460人，占24.68%。专业涉及文、史、哲、理工科等，在其求职过程中，递交简历40份以上的占15.2%，30~40份占23.8%，20~30份占28.9%，1~20份占32.1%。参加招聘单位面试机会6次以下男生占65.4%，女生占56.7%；6~11次男生占22.6%，女生占35.4%；11次以上男生占12%，女生占7.7%。在就业择业成功周期方面，3个月以下男生占37.5%，女生占25.4%；3个月至6个月男生占28.5%，女生占27.6%；6个月以上男生占34%，女生占47%。从这些数据可以看出，在用人市场双向选择过程中，女生需要付出更多的时间、经济成本去参与市场竞争，而且在竞争中相比于男生明显处于劣势。这些数据在一定程度上反映了男女毕业生在全国各区域经济体流动就业与择业中存在一定的区别性对待，女生比男生求职更加艰难。在区域就业地点方面，也存在不少差异，88.7%男生奔向大中城市，而女生比例为45.6%；在小城市就业方面，男生占9.6%，而女生占2.8%，这些数据同样表明男女毕业生在求职意向和择业方面存在差异。

当问及在求职过程中遭遇的最大歧视是什么时，专业歧视占总数的40.9%，其他依次为工作、经历或经验歧视为22.6%，社会关系或背景歧视占14.6%，性别歧视为13.5%，户籍歧视为7.4%，1%为其他。这表明在劳动力市场中仍然存在各种各样的不同程度的就业歧视。中国妇女社会地位抽样主要数据显示：1996—2000年间，在全国16个经济领域中有1470万名妇女失业，只有38.8%的下岗女性能再次上岗，而男性再就业比例为57.8%。特别引起关注的是在职业培训中，女毕业生在就职后接受的培训层次明显少于男毕业生。还有就是职务晋升方面，在问卷调查中，当问及单位一把手为男性或女性时，79.8%的被调查毕业选择为男性，女性仅占20.2%。能够顺利晋升高级别阶层的女性仍然是凤毛麟角，而这一切的付出都需要不菲的代价。在数据中也显示24.6%的女大学毕业生在近两年内变换过工作，而男毕业生仅占15.4%。在全国部分区域经济体内还存在限制外来毕业生进入某一行业或地区的现象，如在招聘过程中，调查数据显示，17.5%的被调查者承认在户籍外应聘工作时遭遇户籍歧视。比如，东部地区的城市外人口流入的大学毕业生被称呼为外来人口、外来妹、外来务工人员等。调查数据也显示，7.85%的大学毕业生工作一年内未与用人单位签订劳动合同。众所周知，劳动合同是劳动者与用人单位确定劳动关系，明确双方权利和义务的协议。《中华人民共和国劳动合同法》规定，建立劳动关系必须订立劳动合同。数据表明，在用人市场上，大学毕业生合法的就业权益仍然受到不同程度的损害，不签订劳动合同、额外加班不给报酬、没有提供必要的劳动保障条件、拖欠工资、劳动合同缺乏、五险一金不全现象屡屡发生。某些用人单位或地区把劳动力市场人为地分为好的市场和坏的市场。调查数据显示，当问及当您合法劳动权益受到侵害时会不会向相关部门投诉、举报、控告时，76.8%的调查对象选择"会"，11.5%的选择"隐忍"，6.7%的选择"无所谓"。这说明在大学生就业或择业过程中仍须加强他们的维权意识,对他们进行必要的法制教育,帮助他们依靠法律来维护自身的合法权益。

4. 大学毕业生在全国各区域就业或择业遭遇各种歧视的危害

大学毕业生在全国各区域经济体就业或择业中遭遇了各种就业歧视,其危害是十分显著的。从显性来看,就业歧视造成他们的求职成本上升,家庭遭受经济负担,社会地位认同感下降,个人生活或生存的无意义感上升,上学无用论抬头,无用感、无助感、不安全感滋生,这极大地损害了他们的身心健康。大学毕业生遭遇到各种就业歧视,将他们人为地排除在用人市场之外,严重地损害了他们就业的公平性和合法权益,对其人格独立也是一种打击,就业歧视降低了部分大学毕业生成功的可能性,容易使他们产生自卑心理,挫伤了他们奋斗的勇气和信心,破坏了其社会角色。从隐性来看,大学毕业生在全国各区域就业中遭遇各种不平等的就业环境,也会导致他们各种隐性收入的减少,产生贫困,并减少了各种消费。就业歧视同时也会导致他们的世界观、人生观、价值观发生偏差,对社会认同感降低。同样,大学毕业生在全国各区域就业中的各种歧视现象也可能诱发家庭的各种矛盾,因为部分大学毕业生在遭遇就业困难时,有可能将矛盾焦点投射到家庭之中,将愤怒或抱怨导向家人。与此同时,就业的不顺畅导致收入减少、个人成就感降低,同样也在一定程度上使自己的社会关系产生紧张感和危机感。因为就业歧视使他们被人为地隔离、孤立,获得社会支持较少的大学毕业生在全国各区域经济体就业或择业中碰到的种种歧视,也可能使他们遭遇到各种排斥,并无法完整地享受到国家在用人市场方面相关的法律保护。尤其是无法在社会保障体系中得到相应的经济补偿和人道救济,使他们无法正常地融入劳动力市场,无法积极参与社会活动,并无法自觉承担相应的社会角色和责任。大学毕业生在全国各区域经济体内就业或择业中遭受各种就业歧视,有可能使他们丧失基本的社会生活保障,降低他们的生活质量,在一定程度上破坏了劳动力市场的正常秩序,破坏了社会的安定和稳定。同时也不利于尊重就业差异性和保护公平就业,减少了部分大学毕业生在就业或择业中的选择权,忽视了部分大学毕业生就业能力的发展,这同样在无形之中增加了用人单位的招聘成本,浪费了社会宝贵的人力资源。

5. 消除大学生就业各种歧视行为的对策

社会各方和大学毕业生自身要发挥各自的作用,采取必要措施,进一步消除就业歧视,破除就业壁垒,加快构建统一、开放、公开、自由、竞争、有序的劳动力市场新体系。

对于政府而言,要在整个劳动力市场社会保障上出台相关法律法规,强化就业公平的理念,在众多社会保障制度中,要以就业一律平等为主要法则,以规范用人市场为主要宗旨,要争取多方有效的措施支持人才市场的有序公平运转,充分配置人力资源,对受到各种就业歧视的大学毕业生给予必要的援助。要以实现就业市场公平为目标,要强化责任意识,将就业公平纳入政府管理范畴。在就业政策征求意见、制定出台和执行过程中要一视同仁,坚决反对一切形式的就业歧视行为,同时也要注意对女大学毕业生的政策扶持。要通过完善就业制度、社会相关的保障制度等从源头上保障实现大学毕业生在全国各区域经济体流动就业或择业中的公平和正当就业权益的维护。要充分运用经济手段、法律手段、社会规范等必要措施保证大学生公平就业。要进一步完善五险一金制度，要加大政府相关部门对就业不公平环境、就业歧视现象的督察执法力度。要不断完善相关劳动法律如《中华人民共和国劳动合同法》、要设置专门的大学毕业生促进就业公平领导小组，使大学毕业生在全国各区域经济体流动就业或择业中碰到就业歧视时能得到相应的救济或帮助。要充分发挥妇联的作用，要格外保护好女大学毕业生为其在就业中遭遇到的各种不公行为提供必要的法律咨询。对于用人单位在招聘过程中的就业歧视行为，要追究行为人行政责任和民事责任。要制定必要的标准，对就业歧视的相应行为进行必要的衡量和界定。要加大政府主管行政部门的监督力度，要加强对劳动就业相关法律法规的宣传普及力度，要让所有大学毕业生懂得自己拥有的合法的就业权益，并知道运用法律手段来保障权益的实现。要在用人市场上十分清晰明确地确立大学毕业生就业公平标准，坚决制止就业歧视法律法规，并明确要求任何用人单位，除法律另行规定之外，不得在招聘过程中附带歧视性的条件，要明确说明特殊要求原则，如在年龄、专业、性别、学历等方面的特殊要求，还有绝对反对地域歧视和身体歧视。要明确告知用人单位如果违反相关劳动法律，采取歧视手段招聘大学毕业生就要承担相应的法律后果，让他们付出相应的代价。

  对于用人单位而言，要自觉学习《中华人民共和国劳动合同法》等相关法律，要做到知法、懂法、守法。当前，劳动力市场中各种就业歧视以及引发就业排斥行为，对大学毕业生的负面影响仍然无法得到彻底消除。大学毕业生在全国各区域经济体内就业或择业中碰到人为障碍，被边缘化现象仍时有发生，所享有的基本的就业合法权益时常被侵犯，这不仅仅是劳动力市场的悲哀，对全面建成小康社会，实现中华民族伟大复兴的中国梦也是一种损害。大学毕业生在全国区域经济体内流动就业或择业中碰到的就业歧视现象不仅仅是中国特有的，也是世界各国普遍存在的现象，它不仅仅是一个经济问题，更是一个社会问题。因为大学毕业生的就业关系到社会劳动力市场的公正、平等与效能。

  社会呼唤就业公平，对于部分就业歧视现象，用人单位有些只是对利润最大化的追求使然。对于用人单位而言，要明确一点，就业歧视不仅仅损害了大学毕业生的合法权益，也会使劳动力市场效率低下，招聘成本无形中也会增加。所以，用人单位要认识到就业歧视终究会受到市场的惩罚，会被人力市场驱逐。大学毕业生就业平等问题也是社会和谐、健康、可持续发展的重要组成部分，大学毕业生是社会的重要而又宝贵的人力资源，他们是推动社会进步的重要力量。用人单位要努力构建公平、正义、高效的就业文化，为大学毕业生创设更为宽松的就业环境。要彻底清除大学毕业生在全国各区域经济体流动就业或择业中的就业歧视问题，用人单位就必须改变传统落后的用人观，建立以人为本的新型就业文化。用人单位理性招聘理念的成长是十分必要的，它可以使用人单位更加客观全面、理性地认识大学毕业生群体，用人单位自身也要加强必要的自我约束，要对相关法律怀有敬畏之心,要发挥自身的积极作用,采取必要措施消除大学毕业生就业或择业中的就业歧视现象,要防止用人市场不正之风的滋长,要提供一个公平的就业环境,平等地对待每一个大学毕业生。用人单位要不断提高自身的招聘效能,充分利用互联网等现代技术降低招聘成本,提升大学毕业生群体的人力资源利用率,不断加强对他们的教育培训,引导他们自觉守法。

国家要不断营造和谐的就业文化,构建就业服务网络体系。对于国家而言,要彻底消除大学毕业生就业或择业中的就业歧视现象,就需要不断采取必要措施引导建立和谐、公平的先进文化,在全社会树立就业平等的理念。要加大宣传力度,出台鼓励措施,引导大学毕业生转变就业观念,不断加强自身能力,提升素质,去创造平等、宽松的就业环境。要充分利用互联网平台,为大学毕业生提供更多的就业信息、就业机会和就业支持,使他们得到更多的就业资源。要引导他们在遇到就业歧视时,能互助合作,增强信心,用法律的武器来保护自己合法、正当的劳动权益。从国家层面要坚决反对一切形式的就业歧视,尽可能地提高人力资源的利用率,优化劳动力资源的配置,以最大的韧性来推动大学毕业生去求职就业,尊重大学毕业生的就业价值取向,实现经济的可持续增长,实现劳动力市场的有序、公平竞争。

二、优化人力资源配置,促进劳动力市场有序运转

中国是一个人力资源十分丰富的国家,尤其是包括大学毕业生群体在内的高知识分子资源十分丰富。对于中国而言,据教育部发布的信息显示,截止到2017年5月31日,全国高校共有2914所,包括普通高校2631所(含独立学院265所,成人高校283所)。2018年,中国大学毕业生为820万人。对于国家而言,面对如此庞大的劳动力资源,如何优化大学毕业生这个丰富的人力资源配置,充分利用这充裕的资源,对全面建成小康社会,实现中华民族伟大复兴的中国梦具有重要的时代意义。

人力资源是指一个国家或地区中处于劳动年龄,未到劳动年龄和超过劳动年龄但具有劳动能力的人的总和。一个国家要发展,除了基本的物质资源外,很重要的一点就是要充分发挥活的资源——人的力量。人力资源的特点就是具有鲜明的主观能动性和时效性,人力资源是生产过程中最积极、最活跃的因素,是国民财富的主要来源和社会价值的主要创造者。

人力资源状况是一个国家经济发展的主要影响因素,也是国家一系列国民经济发展战略制定的重要依据。充分利用大学毕业生这一丰富的人力资源,继续合理配置,科学布局,适当调控,不断实现良性就业,形成合理的就业结构,提升劳动生产率和经济效益是政府义不容辞的责任。在全国各区域经济体发展不均衡的背景下,大学毕业生的流动具有偶然性,又具有必然性,而且各区域体对大学毕业生的政策,既有共性,又有个性。人力资源的利用率方面也千差万别,合理、科学地配置人力资源具有一定的急迫性。

新时期,在我国的劳动力市场上,劳动力的供求结构性矛盾依然存在。影响大学毕

业生就业层次及水平的主要因素是国民经济对劳动的需求状况，全面分析我国劳动力市场的状况，对于解决我国大学毕业生在全国各区域经济体内流动就业或择业中存在的问题，提升就业质量，提高生产率，减少就业歧视现象，具有十分重要的现实意义。众所周知，企业的最大目标就是获取利润的最大化，利润从何而来？就是劳动力资源。当前用人市场中的自主择业、双向选择行为已初步形成，企业的用人行为与企业经营状况紧密相关，也与大学毕业生的劳动力效能息息相关。企业发展好了，规模变大了，层次提高了，自然会在劳动力市场中去招聘更多的员工。而从另一方面来看，马克思主义认为，"劳动生产率的增长，表现为劳动的量比它所推动的生产资料的量相对减少"，"资本主义积累不断地并且同它的能力和规模成比例地生产出正相对的，即超过资本增值的平均需要的，因而是过剩的或追加的工人人口"。机器大生产时代的到来，不仅能促进社会更加细化分工，也会使各产业结构和就业结构更为合理，就业的总容量扩大。改革开放以来，我国经济一直保持持续、快速、健康发展，对就业的拉动也十分明显，它有利于促进就业人数增加。历年《中国统计年鉴》数据显示，"十五"期间我国GDP增长率为9.58%，每年平均增加就业岗位750万个，这意味着一个国家单纯依靠经济增长来推动就业的效率明显降低了。当前我国各产业结构正在不断调整，对用人状况也相应发生许多新的值得关注的变化。如对于文化要求趋向弱化，自动化的普及，对于技能要求标准进一步降低，而大学毕业生需求量相对不足。高校的不断扩张，大量的大学毕业生涌向劳动力市场，劳动力的素质和能力相应也提高了，但不少大学毕业生在全国各区域经济体流动就业或择业过程中面临"没业可就，有业难就"的尴尬局面。全国各区域经济体在吸纳大学毕业生的数量、结构、质量方面也呈现十分不均衡的特征。部分中国历年统计数据在做系统统计时也有可能忽略部分大学毕业生自主创业，自谋出路的数据，这也可能导致大学毕业生就业率偏低。

第八节 规范用人单位市场行为，调整好劳动关系

一、要依法规范用人单位市场行为

用人单位，指的是具有用人权利能力和用人行为能力，运用劳动力组织生产劳动，且向劳动者支付工资等劳动报酬的单位。《中华人民共和国劳动法》中明确规定了用人单位的性质：企业、个体经济组织、国家机关、事业组织、社会团体。大学毕业生的顺利就业关系到千家万户的幸福，也关系到国家的安全稳定。如何做到毕业即就业，不仅仅需要通过他们自身的就业努力来赢得就业市场的肯定和信任，更需要用人单位要加强自身的规范行为，特别要规范自身的市场行为。

对在全国各区域经济体流动就业或择业的大学毕业生而言，就业定位和就业方向有

着密切的联系和指导价值。根据用人单位的特性及类型，以及大学毕业生就业的独特方式，来逐一地进行描述。国家机关，它涵盖着国家及各地区的党政机关，如中央各机关、各省级机关单位、地（市）级相关单位、县级（区级）及以下党政机关（涵盖乡镇党政机关）。国家机关是大学毕业生就业的重要渠道，也是我国人才的重要聚散地。它是我国实施人才强国战略和科教兴国战略的主要人才储备库和人力资本的智力库，也是我国全面建成小康社会和实现中华民族伟大复兴的中国梦的重要支柱。它具体涵盖了党政机关的各种服务性和发展性组织、国内各科研机构、高校、中小学及幼教、医疗卫生单位。企业是我国社会主义市场的主要活跃因子，它是容纳大学毕业生就业或择业的基础。企业的活力情况关系到社会主义市场经济的健康良性发展。从类型上看，可以把企业划分为国有大、中、小型企业，中外合资企业，中外合作企业，外商独资企业，私营或民营企业，各类型的股份合作制企业等。个体经济组织主要是指小微企业。社会团体是指与大学毕业生就业相关联的各类社会社团组织、中小机构以及工商联合会等。

　　用人单位的类型、性质、组织方式、经营活动、单位目标及方向不一样，对大学毕业生的具体招聘方式也不同。对于大学毕业生而言，要真正地实现劳动力市场的人职匹配，就需要在自身的职业素养、专业理论和技能结构、综合就业素质和能力以及社会资本的整合方面做一个综合的考量。比如，对于国家机关及部分事业单位而言，对招聘岗位的具体要求方面一般是具有较高的思想政治觉悟，有良好的思想道德品质，具有较为扎实的专业基础知识、较强的专业技能，在知识储备方面要求一定的深度和广度，具有较强的领导能力和组织管理能力、社会沟通交际能力、组织协调和决策能力，具有较强的处理和解决实际问题的能力，具有较强的文字处理能力，特别是在公文方面具有一定的应对复杂局势的能力，具有较为良好的个人形象，具有一定的创新能力和团队协作能力等。而对于企业而言，它是以盈利为目的法人实体，利润放在第一位。企业在招聘岗位的具体要求方面主要包括有学习能力、创新能力，诚实守信、肯吃苦耐劳，有竞争意识和挑战意志，有团队协作能力，能够认同并遵守企业文化及企业规章制度，具有较大的发展潜力，具备一定的专业基础知识等。个体经济组织主要是小微企业、个体经营企业，它要求个人能够独当一面，有强烈的市场竞争意识，具备诚信品质，工作有韧劲、不服输，有创新品质，具有良好的职业道德等。由此可见，不同类型的单位对招聘者的要求主要从以下三个方面作为重点考察内容，即个人综合素质要求、专业理论知识和专业技能要求、个人综合能力要求。个人综合素质要求，包括思想政治素质和职业道德素质。专业理论知识和专业技能要求，包括专业和非专业知识及技能。个人综合能力要求，包括竞争能力、学习力、创新力、组织协调能力、沟通能力、文字能力等。而这些方面，对于大学毕业生而言，在平时的学习、生活、社会交往过程中可以有意识地加以锻炼、提升。不同类型的用人单位在选人、用人、招聘方式、考核办法等方面也不一样。比如，对于国家各机关及部分事业单位，在招聘过程中一般要求逢进必考，有比较严格的职务晋升体系和奖惩方式，有比较完备的培训体系，有比较系统的考核办法，在德、能、勤、廉、绩上有具体要求。德是指政治品质、政治觉悟、职业道德。能是指个人专业知识、业务能力、专业技能。勤是指工作风格、工作方式、工作态度、爱岗敬业。廉是指廉洁、廉政。绩是指个人在开展业务过程中所取得的一些效果、效能、效益等。在人事制度方面，主要实行分类原则。在选人用人方面，主要贯彻公开、公平、公正原则，优胜劣汰，择优录取，主要采用聘用制度，对岗位实行岗位管理，人员一般比较固定，也有部分编外人员、临时工和流动人员等。在分配上主要采用统筹安排、形式多样、自主灵活、多劳多得的方式。对于特殊人才，如顶尖级、高层、急需人才，采取特事特办原则。对于企业而言，不同的企业具有不同的文化氛围、组织模式、运行方式。企业对于人才的要求不仅仅在于学历水平或受教育程度，更多的是专业技能的运用和专业素质的展现。它在招聘过程中方式灵活多样，可以单独笔试、单独面试、笔试加面试，也可以直接在市场上进行绩效检验。对于企业而言，主要看重的是个人在市场中的竞争能力和创新意识如何，对企业的忠诚度以及个人的诚信度如何，能不能在激烈的市场竞争中具备较强的心理抗挫和抗压能力、学习能力，具有较大的潜能，能够认同企业的文化。企业主要采用聘任制，有短期、中期、长期、终身聘任制。在职务晋升方面，主要看个人的业绩情况以及团队合作能力。在绩效分配方面，主要采用多劳多得、不劳不得、少劳少得。在人事制度方面，主要采用岗位固定与不固定相结合。在选人、用人方面，更侧重于才，比较认可各个职业资格的获取情况，它要求人才要有强烈的进取心和责任意识，要敢于承担责任，不仅自身能创造利润，也能够带领团队一起创造利润。人才还要有较强的市场分析能力，能够知道自身的优劣势，能够明白市场的需求点，能准确找到产生各种问题的症结，并有能力解决，有十分强烈的表达和交流能力，能够通过个人的观点影响消费者的购买欲望，特别是在思维方式、工作方法上有独特的创造力，要具备大无畏、大公无私的思想，能够尽心尽力为公司创造利润，工作中不抱怨，只为成功找理由，不为失败找借口，工作的态度积极端正，要胸怀公司，要有企业的归属感。

　　用人单位在招聘人才过程中存在诸多问题。马克思说过："只有在集体中，个人才能获得全面发展其才能的手段，也就是说，只有在集体中才有可能有个人自由。"清代学者魏源也说过："人才者，求之者愈出，置之则愈匮。"邓小平同志曾经说过："我们说资本主义不好，但它在发现人才、使用人才方面是非常大胆的。它有个特点，不论资排辈，凡是合格的人就使用，并且认为这是理所当然的。从这方面来看，我们选拔干部的制度是落后的。论资排辈是一种习惯势力，是一种落后的习惯势力。"随着我国城镇化进程的加速，全面建成小康社会的推进，经济和产业结构转型升级，国民经济健康、持续、稳定发展，人才也日益凸显其重要性。对于任何单位，人才都是根本性的、决定性的生产要素，也是创造社会效益和经济效益的决定性力量。历史与现实的经验告诉我们：一个国家的人力资本和技能水平是决定经济持续增长的直接驱动力。人力资源的供给与调配、利用情况与国家经济发展、社会进步密切相关。劳动力市场的供需状况与用人单位招聘状况息息相关。对于在全国各区域经济体流动就业或择业的大学毕业生而言，就业难的主要症结在于结构性的就业矛盾。对用人单位而言，招聘难，难以招到人职匹配的合格员工的原因主要有以下几点。

第一，在很大程度上与用人单位选人用人的企业文化息息相关，也与用人单位在选人用人方面产生的偏差有一定的关系。部分用人单位在招聘过程中存在招聘信息模糊、混乱现象。用人单位的招聘信息是获得人才的首要的关键信息，有些用人单位在招聘信息上对于具体岗位要求的核心信息和次要信息模糊、混乱，比如，用人单位的性质不同，岗位具体要求也不一样，尤其是一些特殊行业，对人才具有特殊的要求，用人单位在招聘信息上有些忽略对求职者个性特征、实际能力、求职意愿以及个人品行方面的要求。有些用人单位对求职者的求职简历没有认真核实筛查，导致出现一些招聘简历的虚假行为的发生。部分用人单位的招聘信息没有清晰薪酬待遇具体情况，或者岗位描述不清或不明，岗位所在地点有太多个，导致招聘行为落空。这是由于在劳动力市场中，劳资供需双方在招聘信息的拥有、使用和占有上，具有不均衡性和不对称性的特点。这在无形之中增加了用人单位招聘行为的正常实施的难度。

第二，用人单位在人才储备和使用上缺乏远见、规划。部分用人单位在招聘过程中，由于缺乏对自身人才长远发展的总体规划，盲目地招聘人才，导致人才"招之即来，来之又不能用，用之又不能长久"。部分用人单位在招聘过程中，明明是招基层人员，又标榜自身招聘某某经理、某某总监、某某长等，被聘用人员入编后发现问题又转身而去，则使用人单位招聘行为发生损失。

第三，在人才的使用方面，招聘的岗位与实际使用出现偏差。部分用人单位由于对于自身人才发展缺乏规划，在招聘过程中就会出现急功近利的现象，认为只要招到人就可以当人才用，没有真正做到人职匹配，在招聘程序上缺乏规范。部分用人单位在招聘过程中过高或过低地界定了所招岗位人员的招聘条件，并对招聘人员的自身能力和综合素质提出一些不符合实际的情况，招聘环境过于理想化、僵化，导致招聘行为的失败。部分用人单位在招聘过程中额外增加一些不必要的条件，限制了招聘范围，影响了招聘行为的效果。

第四，部分用人单位在招聘过程中存在各种歧视现象。部分用人单位在招聘过程中私自定了一些招聘潜规则，如某区域的不要、某某血型的不要、某某族的不要、信奉某某教的不要、未结婚的不要、未生育的不要、某某大学类型的不要、某某身高以下的不要、某某方言的不要、某某学历的不要等，刻意在招聘过程中人为歧视，导致招聘行为失败。这种招聘行为不仅是不合理的，也是违法的，是不可取的。部分用人单位在招聘开展过程中，招聘渠道比较单一，如招聘部分区域在报纸上登招聘启事、在自身网络上登招聘启事、只是部分内部区域口头传达招聘启事等，这种招聘渠道过于简单，很难能更好地、更顺利地招到合适的人才。部分用人单位甚至在招聘行为上偏离市场法则，因人设岗，招聘成为"萝卜岗"招聘，导致招聘不公行为屡屡发生。部分用人单位在招聘面试官的选择上过于随便，缺乏专业的招聘面试官，导致招聘过程漏洞百出，招来的人才也五花八门。部分用人单位由于所谓的招聘经费、招聘人员的条件受限,在选择招聘面试官过程中无法做到准确、统一、专业。在招聘过程中招聘面试官素质低下、形象不佳,招聘行为过于人为化、随意化,招聘人员不专业现象时有发生。部分招聘面试官由于自身条件的限制,在招聘过程中,特别是笔试或面试环节中表现差强人意。比如,在面试提问环节,所提问的问题与岗位需求不相关,或对于岗位信息把握不准,夸大或缩小岗位需求的具体条件,忽略了所招聘岗位的核心信息,在面试招聘过程中单凭个人喜爱、偏爱,太过注重招聘者某一方面的素质要求,导致招聘人员良莠不齐。在招聘过程中有时会先入为主,单凭个人印象就下结论,而无法结合求职者的全部信息来做综合判断。部分招聘面试官在招聘过程中,只是生硬地抓住求职者的某一缺点或缺陷,并无限放大,而没有揪住求职者的主流专业素质和专业技能,因小失大。部分招聘面试官无法把握整个招聘的全部过程及环节,导致招聘过程错误百出、漏洞连连。部分招聘面试官在招聘过程中没有认真、详细、及时、准确地记录招聘人员的基本信息,采取事中简单记、事后回忆记方式,导致用人单位主要负责人无法全面、系统、准确地了解招聘人员的详细信息,从而无法做出正确的判断,导致招聘行为失败。部分用人单位在招聘过程中的面试类型的选择上存在缺陷,招聘不同的人才只简单地用同一种招聘面试类型,导致招聘无法人职匹配。招聘方法有许多种,如直接对话面试、情景面试、无领导小组讨论法、抗压面试、职业素质测评等。不同面试各有利弊,要根据招聘的具体岗位要求及需要而有针对性地单一或综合开展。简单地用一把尺子量所有类型的人才,导致在招聘过程中出现一些偏差。

第五,部分用人单位在人才整个储备体系上缺乏规范,导致招聘短视行为。部分用人单位由于对公司发展缺乏远见和规划,进而在人才储备体系上出现各种不系统、不规范、不完整的现象,导致在招聘过程中,招来的人才无法与用人单位长远发展相吻合。部分用人单位在招聘过程中出现"头痛医头,脚痛医脚"的现象,只追求人才的短期效用,而缺乏长远效益的追求;只追求招到人才的数量,而不太在意人才的品质;无法进行有效的人力资源的储备、使用、调配,导致招聘工作处于十分被动的境况。这些招聘误区对于劳动力市场中供需双方都造成了一定的损害,也破坏了用人市场的正常秩序,违反了用人的基本准则。

二、规范用人单位市场行为的具体措施

韩非子说过:"欲成方面圆而随其规矩,则万事之功形矣,而万物莫不有规矩,议言之士,计会规矩也。"张居正也说过:"天下之事,不难于立法,而难于法之必行;不难于听言,而难于言之必效。"大学毕业生在全国各区域经济体流动就业或择业时,要顺利实现就业梦,就需要规范、合法的劳动力市场,而劳动力市场是劳动力供给双方共同的市场,它需要双方共同来维护正常的市场秩序。

1. 用人单位要自觉遵守国家法律法规

用人单位要自觉遵守如《中华人民共和国劳动法》《中华人民共和国劳动合同法》

《中华人民共和国就业促进法》及相关的法律以及相应的行政规定，要法令则行，法不令则禁。要按照《中华人民共和国劳动法》相关规定，禁止用未满十六周岁的未成年人，严禁各种形式的不合理的就业歧视，要对劳动力在就业过程中秉承一视同仁的原则。《中华人民共和国劳动合同法》第九条明确规定：用人单位招用劳动者，不得扣押劳动者的居民身份证和其他证件，不得要求劳动者提供担保或者以其他名义向劳动者收取财物。任何用人单位都要在国家法律框架上自觉维护劳动者的合法权益。用人单位在发布招聘资讯前，要对本单位人才使用情况进行调研，制定规范、合理、科学的人才梯队的规划图。要明确招聘目的，要因岗设人。在招聘过程中要提供真实、可信的招聘信息。要招收符合标准的、具备一定资质和专业技能的大学毕业生。要按照规定，不能随意地向大学毕业生收取一些不合理的招聘费用，尤其是不能向录用大学毕业生收取所谓的违约金或保证金。不能以任何理由、任何借口、以招聘的名义向大学毕业生牟取各种不合法的利益，更不能在招聘过程中进行任何违法乱纪行为。尤其是用人单位在招聘过程中，除国家规定不适合从事的工种或者岗位外，不得以性别、民族、种族、宗教信仰为由拒绝录用或者提高录用标准。在招聘过程中更不能以暴力、胁迫、欺诈等各种非法行为进行招聘。

2. 用人单位要规范自身的招聘行为

劳动合同的订立程序、雇用双方的工作岗位条件、劳动既定保护、工资薪酬待遇、劳动合同的解除都要有一系列规范的规定，在产生合同纠纷时，要用劳动法的规定来解决。用人单位在收取大学毕业生个人简历、身份证明、各种证书等材料时要遵循保密原则，不得侵犯大学毕业生个体的隐私，更不能将大学毕业生个人材料进行非法的倒卖，牟取利益。用人单位在开展招聘过程中要制定科学、合理、规范的考核方式，要对整个招聘过程进行详细的记录，招聘后进行认真归纳，总结经验，吸取失败的教训。特别是对大学毕业生，在招聘过程中要深入了解其学历、背景、专业技能、性格特点、社会经验、发展潜力、个人品质等，要使人职匹配得当。

3. 用人单位要对招聘信息进行完整、细致、全面的描述

任何用人单位都不能从事非法传销活动或以非法传销的名义欺骗大学毕业生。任何单位在开展招聘行为过程中，要紧密结合单位发展的战略需求、人才的总体需求、实际的需求能力、现实的需求条件与环境。用人单位在招聘人才时，不得采用各种非法手段，如商业贿赂、诋毁同行竞争对手的商业信誉，不得招聘法律、法规规定暂时不能流动的人员。用人单位在发布招聘信息时要通过正规、合法宣传渠道进行宣传。如果招聘行为结束，应与大学毕业生签订相应的劳动合同或就业协议书，要在劳动合同中明确双方的权利与义务，并要求双方都要自觉履行合同义务，维护双方彼此的合法权益。用人单位在招聘大学毕业生过程中应主动出示单位的相关资质，如营业执照、组织机构代码、卫生许可证等。对于用人单位而言，按照法律规定，它享有一定权利，如请求劳动者进行劳动的权利、要求劳动者保密的权利、请求损害赔偿权利、劳动报酬决定权。《中华人民共和国劳动合同法》第八条明确规定："用人单位招用劳动者时，应当如实告知劳动

者工作内容、工作条件、工作地点、职业危害、安全生产状况、劳动报酬以及劳动者要求了解的其他情况。"对于劳动力市场供求双方而言，都要互相尊重、互相理解、互相信任，以达到双赢或多赢的结果。

三、劳动力供求双方都要调整好劳动关系

当前，我国正处于全面建成小康社会和实现中华民族伟大复兴的中国梦的关键时期，社会主义市场经济体制改革进入了深水区，经济发展势头良好。企业预期和市场信心逐步好转，市场供求关系不断改善，供给侧结构改革正在不断深化。学者龚基云指出："经济全球化背景下，以金融、资本、技术、货物、信息、劳务在全球范围内流动和配置为主要特征的全球化进程的不断推进和快速发展，对传统的劳动关系格局产生了前所未有的冲击和影响。"劳动关系进入了新一轮的调整期。众所周知，劳动关系的影响因素主要有三方面，政府行为、劳动需求方、劳动供给方。外部因素主要有整个社会的宏观及微观经济环境、社会法律和制度环境、新技术环境、用人市场的整体环境、国家相关政策环境、社会思想文化环境等。劳动关系主要涵盖一些主题或方向，如劳动关系中的法律法规的制定、产生各种劳动纠纷或争议、矛盾的相关司法处理机制或程序、劳动关系中违法维权行为的监察制度以及谈判机制、工会发挥效能等。契诃夫说过："人，不管是什么，应当从事劳动，汗流满面地工作，他生活的意义和目的、他的幸福、他的欢乐就在于此。"毛泽东同志说过："社会主义制度的建立给我们开辟了一条到达理想境界的道路，而理想境界的实现还要靠我们的辛勤劳动。"当前中国劳动供求双方在国家法律保护下，根据市场法则，自由竞争、平等协商、自觉自愿，双方通过用人市场实现劳动使用权的购买与让渡，建立了一种新型的符合双方利益的劳动关系。我国是以公有制为主体的多种所有制共同发展的社会主义国家，倡导鼓励和支持一部分地区、一部分人通过合法途径先富起来，通过先富带动后富，共同实现富裕。我国现阶段用人单位类型多种多样，有政府部门、事业单位、外资独资企业、中外合资企业、国有企业、民营企业、非营利机构及其他性质的用人单位。总体而言，劳动关系和谐、稳定、健康、可持续化，但也存在一些值得思考的问题。

马克思说过："生产劳动和教育的早期结合是改造现代社会的最强有力的手段之一。"马卡连柯也说过："劳动最大的益处还在于道德和精神上的发展。这种精神发展是由和谐的劳动产生的，它应当构成无产阶级社会公民区别于资产阶级社会公民的那种人的特质。"对于中国而言，现阶段在劳动分配上主要倡导各尽其能、按劳分配、多劳多得、少劳少得、不劳不得。同时也倡导按资本和生产要素等其他形式分配。以按劳分配为主体的多种分配方式并存发展。原因在于，生产资料公有制是实行按劳分配的前提，生产力发展水平是实行按劳分配的物质基础，社会主义条件下，人们劳动的性质和特点，是实行按劳分配的直接原因。

但在劳动力市场中也存在一些不和谐的劳动关系。第一，在劳动力市场上出现的就

业结构性矛盾依然比较突出。部分大学毕业生在全国各区域经济体流动就业或择业中出现就业难的问题，也反映了部分地区在劳动力配置上存在效能低下的问题。对于大学毕业生而言，通过系统的理论学习和专业技能训练已经初步掌握了劳动能力，理应得到一个证明自己的机会。但在现实的劳动力市场中部分人职不匹配的现象时有发生，现有的劳动力与生产资料的结合仍然不够紧密。

第二，劳动力市场同工不同酬问题也比较突出。由于全国各地区经济发展水平不一，各用人单位发展规模、速度、层次、水平、质量也不相同，在劳动力市场中出现了劳动者从事同样的劳动，却得到不同的劳动报酬，甚至差别比较大的现象。这种行为也会在一定程度上挫伤劳动力劳动的积极性与主动性，阻碍了劳动力的有序流动，延缓了经济的发展。

第三，在劳动关系中，过分夸大金钱的作用，扭曲了正常的劳动关系。君子爱财，应当取之有道。郎加纳斯说过："金钱的贪求（这个毛病，目前我们大家都犯得很凶）和享受的贪求，促使我们成为它们的奴隶，也可以说，把我们整个身心投入深渊。唯利是图，是一种痼疾，使人卑鄙，但贪求享受，更是一种使人极端无耻、不可救药的毛病。"在劳动关系中，过分以金钱来衡量一切，就会使人们丧失基本的理想信念，丧失劳动的欲望与兴趣。扭曲了正当的劳动关系，使劳动力市场个人主义、享受主义与极端自私自利主义盛行。过分以金钱来衡量劳动关系，就会使人们过多地注重个人价值，而忽略社会价值。过多地注重个人利益的获得而忽略了集体利益和国家利益。过多地注重个人的短期利益而忽略了个人的中长期利益。它使人们在劳动力市场中出现急功近利的心态，甚至为了获取金钱而不惜走上违法犯罪的道路。

第四，城乡二元体系的体制格局在部分地区尚未完全打破。在这种情况下，城乡间、城市与城市间劳动力正常流动受到一定的阻碍，尤其是户籍制度、城乡医保、社保制度尚未在全国实现互联互通。大学毕业生在全国各区域经济体流动就业或择业中往往会碰到一些实际的困难和需求，如自身在就业所在地区的融入情况，对住房、医疗、教育的需求，而这些需求会碰到各种制度的束缚。在部分私有或私营企业，如外商独资企业、民营企业，员工的话语权仍然比较薄弱，在私有企业，所有资产归个人或部分人所有，他们对企业的生产、经营、管理具有高度的绝对权力，员工除了领取相应的薪酬外，在其他如决策权、自主权、管理权方面没有话语权。在这些企业里，由于管理上不规范，对员工合法权益的侵害时有发生，劳动关系处于不和谐状态。

第五，在部分企业中劳动关系仍有待改善，尤其是在工会建设方面。众所周知，中国工会是中国共产党领导的职工自愿结合的工人阶级群众组织，是党联系职工群众的桥梁和纽带，是国家政权的重要社会支柱，是会员和职工利益的代表。工会的职能有教育职工，组织职工开展社会主义劳动竞赛，开展群众性的合理化建议、技术革命和技术协作活动，提高劳动生产率和经济效益，发展社会生产力，协助企业、事业单位、机关行政方面办好职工集体福利事业，做好工资、劳动保护和劳动保障工作等。在部分用人单位中，工会组织存在缺位、失位、错位的现象，甚至没有工会组织，在职工权益的维护、利益、督促方面仍然有所欠缺。比如，部分用人单位出现无故拖欠员工工资，或者以各种理由、借口、名目克扣、压低员工工资，肆意剥夺员工的其他福利待遇，劳动时间过长，劳动强度过大，而又没给予相应的补贴，劳动环境比较恶劣，或没有相关劳动保护机制，尤其是对女职工的保护、关心方面存在一些问题，如对于女职工"三期"（怀孕期、生产期、哺乳期）的保护，对于女职工在岗位设置、福利待遇、培训、职务晋升方面存在的各种歧视行为等。

劳动关系是社会主义市场经济发展的重要组成部分，用人市场越发展、越完善，对于劳动关系的要求也就越高。当前，中国劳动关系形势已发生了许多新的、深刻的变化，国际化、市场化、单极化、信息化、社会化、法制化、系统化趋势已经形成，必须按照市场的法则来规范劳动关系。

要用市场规则来推动劳动关系和谐发展。市场化必须以建立现代企业制度为立足点，在劳动力市场中要坚持自主竞争，双向选择，公平、公开、公正。劳动力供求双方都要自觉遵守国家就业的相关法律法规，明确彼此的权利和义务，在劳动招聘，劳动合同的订立，劳动中各种要素如薪酬待遇、岗位职责、工作环境及工作条件、各种岗位技能培训、职务晋升，劳动关系终止，劳动关系解除，劳动关系的社会保障等方面，都要按照市场法则来处理。

劳动关系的建立，要严格遵守国家法律法规所规定的各种具体条款。韩非子说过："法分明，则贤不得夺不肖，强不得侵弱，众不得暴寡。"邓小平同志说过："要继续发展社会主义民主，健全社会主义法制。"对于国家法律而言，它的立足点或者逻辑起点只有两个：公平和实用。对劳动力供求双方而言，法律必须清晰明确地规定双方的权利和义务，明确规定双方违法行为要受到相应的惩罚。要以法律手段来维护和谐劳动关系，以法律手段来保障劳动力供求双方的自主协商、平等谈判的权利。特别是国家相关机关根据中国劳动力市场变化，结合国情已经制定了一系列较为完备的法律法规，如《中华人民共和国劳动合同法》《中华人民共和国社会保险法》《中华人民共和国劳动争议调解仲裁法》以及劳动者就业、企业招聘、劳动条件、集体劳动争议处理等相关的法律法规，为保障劳动关系向法制化、规范化发展奠定了坚实的基础。

政府相关部门要转变政府职能，发挥积极作用，为和谐劳动关系保驾护航。在劳动关系中最核心的、根本性的问题是劳动者的收入问题。就业问题关系到劳动者的生存发展，关系到社会的长治久安。英国学者罗恩·比恩明确指出：政府在劳动关系中要承担具体使命，第一个是第三方管理者角色，为劳资双方提供互动架构与一般性规划；第二个是法律制定者角色，通过立法规定工资、工时，安全和卫生的最低标准；第三个是如果出现劳动争议，政府提供调解和仲裁服务；第四个是政府作为公共部门的雇主；第五个是政府还是收入的调节者。对于政府而言，要根据劳动力市场状况，及时转变政府职能，实现政企分开，从宏观上加强对劳动力市场的监管。要通过必要的行政手段，更多的法律、经济手段来规范劳动关系，坚决维护劳动力市场中供求双方的合法权益，打击一切侵害劳动者合法权益的不法行为。要鼓励和支持提高劳动者在用人单位的话语权，鼓励和支持各地区各用人单位建立健全工会组织。要建立劳动争议的处置和协调机制。要清晰确定政府相关部门的职责范围，不能缺位、失位、错位、越位，不能大包大办。要加强经济结构和产业结构调整，努力创造更多就业岗位和就业机会，推动国民经济持续、健康、和谐发展。要采取必要措施，促进区域经济体持续、健康、和谐发展。要不断提高职工的最低生活标准，完善各项劳动福利制度，健全各类社会保险、失业保险制度。要不断破除城乡二元体制的束缚，促进户籍制度完善，努力在住房、就业环境、医疗、教育等方面为在全国各区域流动就业或择业的大学毕业生提供便利。要坚决支持打击各种侵害大学生就业的歧视性行为，规范劳动力市场。要健全政府、劳动力供给方、劳动力需求方三者协调机制，要加强劳动力市场的执法监督，运用监察服务的措施来加强对劳动关系的协调和引导。要不断推进集体谈判，缓解劳动力市场的各种矛盾。要不断加强劳动保护和劳动安全管理，要为劳动力供求双方提供更多的沟通和交流渠道，提供各种招聘资讯和服务。要正确处理好党和工会、政府和工会的关系。党和工会，从根本上讲就是工人阶级先锋队组织和本阶级大多数普通群众之间的关系。而政府与工会的关系，关键点在自己政权与工人阶级群众的互相关系，政府体现的是工人阶级的阶级意志和根本利益，就政府而言，它在劳动关系中应当履行这样的职能：宏观经济的调控者、微观经济的保护者、公平公正的维护者。

第九节 发挥家庭积极作用，引导大学毕业生理性就业

一、家庭对大学毕业生就业的影响

随着我国大学毕业生人数的逐年增加，就业难问题已经成为社会尤为重视的民生问题。解决好大学毕业生就业，有助于社会人力资源的优化配置，有助于促进社会的安全稳定，有助于全面建成小康社会，有助于实现中华民族伟大复兴的中国梦。大学毕业生就业难问题，是一个系统工程，它需要国家、社会相关部门、用人单位、大学毕业生自身、高校以及家庭等形成合力，才能发挥它的功效。尤其是家庭因素影响显著，如家庭经济情况、家庭父母工作情况、受教育程度、收入情况、就业理念、身体健康状况、家庭对子女的教育方式、家庭的关系、社会关系圈、社会地位情况等，对大学毕业生的就业去向、就业定位、就业质量、就业价值取向、就业心理、就业能力培养、就业方式、就业渠道、就业期望、就业压力或就业抗挫力、就业模仿能力方面都影响深远。换句话讲就是家庭因素对大学毕业生的职业发展规划影响显著，如家庭因素对大学毕业生在全国各区域经济体流动就业或择业过程中的就业观念、职业兴趣或职业爱好、职业特点或职业认知、

就业抉择、就业期望值方面也有比较明显的影响。特别是家庭中父母的就业理念的引导对大学毕业生的职业定位、职业动机、职业信念的获取、职业环境的选择有明显影响。家庭中父母与大学毕业生的就业沟通的畅通与否、互动的紧密情况、亲子间产生的依恋程度、教养方式的差异、亲子活动的多寡、家庭对子女就业的期望值等是影响大学毕业生求职的重要因素。

二、家庭的概念

家庭，是指婚姻关系、血缘关系或收养关系基础上产生的亲属之间所构成的社会生活单位。马克思曾经指出："每日都在重新生产自己生命的人们开始生产另外一些人，即增殖。"爱默生说过："家庭是父亲的王国，母亲的世界，儿童的乐园。"卢梭也说过："幸福家庭是培育孩子成人的温床，家庭生活的乐趣是抵抗坏风气毒害的最好良剂。"由此可见，家庭作为社会的基本细胞，是实现人类美好生活的重要场所，是实现个人价值和社会价值的基础，它是爱的港湾，也是情的温床。它是温馨家园，也是心灵的依靠，它也是孩子成人化、社会化的启蒙学校。它也意味着奉献、责任、勇气、爱心。家庭、社会、学校是三位一体的大学生就业或择业教育主阵地和基石，也是主要支柱。家庭的教育方式具有其独特性，如具有教育的早期性、持续性、权威性、情感感染性、及时性、系统性、不可或缺性、差异性、个性化的特点。歌德曾经说过："无论是国王还是农夫，只要家庭和睦，他便是最幸福的人。"兰尼也说过："一个美满的家庭，有如沙漠中的甘泉，涌出宁谧和安慰，使人洗心涤虑，怡情悦性。"家庭应该是爱、欢乐和笑的殿堂。

三、家庭在大学毕业生就业中的基本功能

首先是情感功能。家是情感寄托、情感交流、情感归属的重要场所，家庭成员间彼此互敬互爱，互相关心、支持、理解，互相鼓励，彼此调节情绪波动，有利于促进身心的和谐。其次是经济功能。家庭也是经济的集合体，通过家庭成员的辛勤付出、无私奉献，创造基本的生活资源和生产资源，解决基本的吃、穿、住、行、玩、学等问题。再次是生育功能。通过家庭这个社会基本细胞组织实现人口的繁殖、人口素质的提升、人口数量的增加，通过家庭使老有所依、老有所养、老有所乐、老有所为，通过家庭使幼有所托、幼有所育、幼有所学、幼有所长，实现人类社会的长久发展。最后是社会功能。通过家庭成员的生产实现社会生产资料和生活资料生产、交换、分配，实现儿童的成人化、社会化进程，实现人与自然、人与社会的和谐统一。家庭也有其生命周期，如萌发（产生）、扩大、稳定、缩小、空巢和解体。家庭在不同时期、不同阶段有不同的需求、不同的奋斗目标。它涵盖抚养后代、生理需求、教育需要、人的愿景和价值的实现等。

四、关于家庭在大学毕业生就业中的作用的文献综述

对于大学毕业生而言，他们在全国各区域经济体流动就业或择业的影响因素很多，可以归纳为自身主观因素和外界客观因素。国内外许多学者对于家庭因素在大学毕业生

就业或择业的影响方面都有许多独到的见解，值得我们借鉴。比如，国外学者布卢斯坦认为，大学毕业生职业生涯规划的选择与家庭教养方式、亲子亲密情况存在关联性。弗里森提出，父母的就业认知、就业理念、就业价值倾向影响大学毕业生的就业定位、就业方向、就业意图。奥托提出，家庭成员尤其是父母的社会地位、社会资源、教育背景、经济情况影响子女的就业规划。父母是子女就业的指导者、引导者。布赖恩特明确指出，家庭环境尤其是父母抚养方式影响大学毕业生就业的兴趣选择，或者是就业价值的抉择方向、就业探索重点。国内学者也对此进行了多方探索并取得了许多积极成果，如学者文东茅提出，家庭的现实条件、经济状况及综合实力与大学毕业生的就业质量存在正相关性。学者王君认为，家庭教育和抚养方式影响大学毕业生的职业兴趣和爱好。学者况源提出，家庭环境与大学毕业生的就业抉择存在一定的关联性。刘婷婷认为，家庭的抚养情况影响大学毕业生就业的心理，如就业的自信心和毅力。学者尉建文认为，家庭成员，尤其是父母的人脉资源、社会资本拥有情况影响大学毕业生就业的方向、类型及层次。李慧提出，大学毕业生就业的去向与家庭所在生源地、家庭综合实力存在显著的相关性。学者魏世平提出，家庭的客观因素与大学毕业生的就业价值取向、就业动机有密切的联系。

五、家庭在大学毕业生流动就业或择业中的影响作用分析

美国作家德莱塞曾经说过："和睦的家庭空气是世上的一种花朵，没有东西比它更温柔，没有东西比它更优美，没有东西比它更适宜于把一家人的天性培养得坚强、正直。"美国作家爱默生也说过；"家就是城堡，即便是国王，不经邀请也不能擅自入内。所谓幸福的家庭不是在物质上的丰富，乃是充满爱、了解和适应新环境的能力的家庭。"对于在全国各区域经济体流动就业或择业的大学毕业生而言，就业难不仅仅体现在找工作难，也反映在获得可能的岗位需要做出某种抉择。家庭因素对他们的就业抉择的影响显著而又深远。

大学毕业生在全国各区域经济体流动就业或择业过程中，从根本上讲是综合实力、综合素质的较量与竞争，尤其是就业能力的比较。就业能力是指大学毕业生能够获得初步就业、保持就业以及再就业之后能够胜任本职工作的基本能力和综合素质。它具体包括职业认知、专业理论知识与基本技能、社会资本以及个人适应社会的能力，还包括影响大学毕业生个体在用人市场中就业的社会环境影响因素、家庭因素、学校因素等。对于大学毕业生而言，在全国各区域流动就业或择业过程中能否成功，关键在于其能否迅速实现与劳动力市场的无缝对接，真正实现人职匹配。大学毕业生的综合素质的培养离不开社会环境的历练，离不开高校的精心培育，更离不开家庭的全身心投入。大学毕业生个体身上的就业能力深深烙上父母的印记。如对就业市场的认知，对就业区域的选择、对就业方向的定位、对就业渠道的搜集、对就业层次的选择、对就业质量的追求等，都与家庭文化息息相关、一脉相承。特别是大学毕业生在全国各区域经济体流动就业或择业过程中的为人处事风格、待人处事礼仪、职业个性及职业价值倾向都与家庭教育的氛

围密切相关。父母日常的一言一行都或多或少影响大学毕业生对职业的认知及选择、对社会的看法及想法。特别是在心理素质的培养方面，大学毕业生个体的求职心理、情绪、意志变化情况与家庭的抚养教育方式息息相关。尤其是家庭环境好的大学毕业生，由于其从小到大有更多的机会去接触形形色色的人、斑斓多彩的客观世界，拓宽了人生的视野，积累了人生的经验，同时为其更为自信、从容、淡定就业创设了更为宽松的环境。而家庭环境相对欠缺的，由于经济条件的限制，就很难为大学毕业生个体创造更多的认识和了解社会的时间和空间，无形之中也为他们在就业或择业过程中增添更多的困难和艰辛。家庭因素也影响大学毕业生专业的选择，而专业选择情况又影响大学毕业生在全国各区域经济体流动就业或择业的职业选择、空间、范围、类型及层次、质量。由此可见，家庭因素对大学毕业生就业或择业的影响是十分深远的。

①家庭的强制性与大学毕业生就业的自主性存在一定的冲突和矛盾。进入社会后，大学毕业生在身心上已初步成熟，已经具备一定的社会适应能力，在就业和择业中，部分大学毕业生迫切希望就业自主、独立，对父母的职业指导的认同度在下降。遇到招聘困境时，一方面他们又渴望得到家庭支持，另一方面又质疑家庭所做的就业判断。由于家庭，尤其是父母在职业价值观、职业目标、职业态度、职业道德等方面与大学毕业生存在着明显差异，容易导致就业抉择中出现矛盾和冲突。这种矛盾是大学毕业生追求就业独立与家庭希望就业调控之间的冲突。造成大学毕业生就业抉择与家庭冲突或矛盾的原因有多方面。对大学毕业生个体而言，大学毕业迈向社会意味着成人化、社会化进程的加速，意味着能够自己做选择，尤其是就业自主权凸现。大学毕业生在就业心理上表现出强烈的就业自主与独立，急迫地希望尽快经济独立，摆脱对家庭的人身依附，摆脱父母的管教。在就业选择上有自己的思想、自己的职业认知。尤其是对父母的职业指导抱着一种半信半疑的态度，甚至是一种敌对心态，认为自己的就业抉择是正确的，家庭的就业判断出现偏差，自己无法全盘接受，甚至因为就业选择与父母起言语冲突。大学毕业生的隐私增多，独处的时间增多。大学毕业生已经不像其他阶段，如少儿阶段对父母依赖有加，愿意与父母任何时间、任何地点、任何问题进行坦诚的无缝交流与沟通。他们认为自己已经成人了，就业是个人选择问题。他们中相当一部分不喜欢、不愿意与家庭，尤其是与父母交流就业抉择、就业方向、就业岗位等问题。他们宁愿将自己的就业认知封闭起来，不让人知道他们的这种内心想法，有时以沉默的方式来表达，通过沉默来表达对家庭干涉就业的无声抗议。有时以逃避方式来诉说，通过逃避，如就业时刻意选择远离生源地，刻意选择与父母所从事的岗位或与父母要求从事的岗位不一致，逃避不去就业等来表达自己的职业价值倾向。还有一部分大学毕业生在就业抉择时故意与家庭唱反调、唱小调，如在就业过程中与父母争执，就业选择时，表现出一定的逆反与抵触心理，在心理上表现出明显的就业焦虑、就业沮丧、就业愤怒心理。也有些大学毕业生用网络游戏来消磨自己的就业斗志，甚至采取其他极端的方式来对抗父母的就业权威、就业专断行为，如自杀或离家出走等，使亲子关系因为就业选择出现矛盾和危机。

从另一个角度上看,部分家庭或者父母在指导大学毕业生职业规划时也存在一定的偏差,如部分父母没有正确深入了解大学毕业生个体的职业认知、职业需求、职业价值倾向,不知道子女在就业上的态度,不能民主地对待子女的就业问题。有时部分父母单凭个人喜爱就强行地要求子女顺着自己的意愿去就业。有时有些父母只是为了满足自身某些虚荣心而错误地引导子女去就业。部分父母在子女就业方面只是想当然,或者是讲霸权,独断专行,或者用他们过去的就业观念来指导子女就业,就业观念的滞后也会引起子女在就业选择中的抗拒心理。部分父母甚至在就业问题上根本不与子女沟通,把子女的就业单纯地认为是自己的事,不是子女的事,把子女的就业当成获取金钱的工具,当成某种利益的交换,不能自觉地了解子女的职业兴趣与爱好,过高的就业期望值或过低的就业期望值都会影响子女的顺利就业。部分大学毕业生被迫接受父母的职业安排,长此以往产生悲观、失望、沮丧、自卑情绪,极大地影响他们的前途和命运。值得注意的是,部分父母在子女就业或择业中灌输许多不良的就业观,如在就业中"金钱至上"法则,认为就业就是要找工作待遇好,工作薪酬高的,其他一律不考虑。还有如"就业就是一场你死我活的战争",为了就业可以不顾道德仁义,不管良心,别人都是就业的压底舱。又如"就业过程可以不择手段,只管就业结果,不管就业过程"。不讲就业诚信,鼓动子女频频跳槽,不讲职业道德,给子女灌输个人主义、极端自私自利思想。这些不良的行为与思想严重地损害了子女就业或择业的单纯性、科学性、长期性,严重地损害了子女在就业市场中的个人"品牌",甚至部分家长还讲所谓的"就业无用论""家里吃喝不用愁,家庭条件好,就业只是去排除个人寂寞,消磨个人时间"等消极的就业思想。这种由于就业引起的各种亲子矛盾和冲突,源于亲子间在就业上缺乏彼此的信任、基本的理解、无私的帮助以及适当的沟通交流。这种就业冲突,极易引起子女在全国各区域经济体流动就业或择业过程中的心理不健康行为,对其顺利就业或择业都会造成各种无形或有形的破坏,甚至会误他们的前途,乱他们的就业步伐,堵他们的就业路子,严重的还会使他们滑向犯罪的深渊。

②家庭的社会资本情况与大学毕业生就业的层次、范围、质量存在正相关性。对于大学毕业生而言,就业不仅仅是个人行为,也是家庭关注的焦点问题。对于家庭而言,培养一个大学生不仅仅耗费他们的金钱、精力、物力,更代表着未来的希望、幸福、财富、长久、发展。为了子女能就业,就好业,许多家庭都会倾注一切,集中所有社会资源为子女排忧解难,出谋划策。笔者在做问卷调查中发现,76.8%的大学毕业生的就业渠道来源于家庭,包括父母以及亲戚。由此可见,家庭仍然是子女就业的重要渠道。"知子莫如父,知女莫如母",家庭尤其是父母在抚养子女过程中,由于经常地关心、支持、理解子女,了解更多子女的信息,如基于对子女职业认知的了解,可以结合子女的职业价值倾向,结合社会用人劳动市场的环境变化,为子女量身打造符合他或她个性化的职业生涯规划,为他们找到符合他们的职业兴趣和爱好的就业岗位,为子女推荐更多更好的就业渠道、就业岗位,提升子女就业的质量。调查显示,有52.6%的大学毕业生的就

业岗位来源于家庭的牵线搭桥。由此可见,家庭的社会资本、资源的拥有量及开发利用情况极大地影响大学毕业生就业的质量,特别是部分高薪单位、稳定性强的单位、工作环境好的单位。作为家庭尤其是父母,许多情况下已事先为子女做了更好的铺垫或前期准备,并通过自己的社会关系,直接或间接为子女提供就业机会。特别是在就业信息的收集上,父母受教育程度的高低、社会地位的高低与招聘资讯的收集能力的高低有着一定的正相关性。父母的就业层次、就业质量极大地影响着子女的就业范围、就业方向、就业质量。家庭,尤其是父母的社会资本状况不仅影响大学毕业生的初次就业,也影响着他们的职务晋升、福利待遇、工作环境、生活环境、就业区域、就业导向等。

③家庭的抚养方式、教育模式也影响着子女的就业方向、就业目标以及就业能力。对于大学毕业生而言,在全国各区域经济体流动就业或择业过程中也会出现各种挫折、各种徘徊、各种困境、各种无助和无奈,也会出现就业能力的差异、就业方向的不同、就业目标的不同、就业区域选择的不同。调查显示:45.6%的大学毕业生会考虑将就业区域定位为父母所在的居住地。由此可见,家庭因素影响子女就业区域的选择。56.7%的大学毕业生在就业目标的选择上会考虑家庭尤其是父母的意见或建议,说明父母对子女的就业影响十分显著。家庭尤其是父母对子女的抚养和教育方式也会极大地影响大学毕业生的就业选择。比如,家庭经济条件比较优越的父母,对子女的就业期望值更高,希望子女在就业的层次、类型、质量上有更好的选择机会,如会鼓励子女继续升学深造、出国留学,鼓励子女自主创业等。而家庭条件相对一般的,对子女就业或择业往往要求较低,如希望子女能顺利找到一份工作岗位就心满意足,不太在意就业的层次、范围、类型等,对子女的就业主要看中的是首先在经济上要脱困,不能再给家庭增添额外的经济负担。

④家庭中父母的职业以及受教育的程度也会影响子女就业的规划和选择。调查数据显示,36.5%的子女在择业或就业,或者职业生涯规划过程中会选择与父母职业相同或相近的领域,这表明父母的职业身份也会对子女的就业产生潜移默化的影响。另外一个方面是父母受教育的程度不一,对子女就业或择业也有一定的影响,父母受教育程度较高,眼光和视野相对也比较深远,对子女未来的职业发展也会有更加清晰明了的规划,并在平时言传身教中影响子女对职业的选择。数据显示,父母是硕士以上学历的,对子女的期望值更高,对子女就业的安排更加周全。父母的职业个性、职业行为、职业习惯、社会工作阅历、社会工作经验、社会人脉圈、社会资本的积聚状况等也会影响子女的职业价值倾向,他们希望通过自身的人生经历引导子女少走职业上的弯路,多吸取自己职业抉择上的教训,帮助子女更好地做好职业生涯规划,帮助子女更加理性地去就业或择业。

⑤家庭尤其是父母的职业意见或建议对子女职业方向、职业区域选择、职业定位也会产生影响。

大学毕业生在全国各区域经济体流动就业或择业过程中也会产生许多机遇,也会有许多的就业诱惑。如何来抉择,有时是一个两难的问题,在这个时候父母的意见或建议就会起到举足轻重的作用。调查数据显示，62.5%的大学毕业生在面临职业选择的过程中会咨询父母的意见，46.7%的大学毕业生会尊重并顺从父母的职业意见或建议。由此可见，父母对子女在全国各区域经济体流动就业或择业中的就业区域选择、就业定位、就业范围或就业方式影响较大。特别是处于发达地区的家庭在引导子女就业时会有意识往大城市方向走。而处于偏远地区的家庭在子女就业上也会努力引导子女通过职业选择或抉择来改变自己的命运，引导子女通过就业实现"进城"的愿望，通过职业区域的选择来实现其脱贫致富的目标。

六、发挥家庭积极作用，促进大学毕业生顺利就业

美国政治家华盛顿说过："让孩子感到家庭是世界上最幸福的地方，这是以往有涵养的大人明智的做法，这种美好的家庭情感，在我看来，和大人赠给孩子们的那些最精致的礼物一样珍贵。"家庭因素对在全国各区域经济体流动就业或择业的大学毕业生而言，也是一把双刃剑，家庭中尤其是父母对子女在就业或择业过程中，任何不切实际、不理智、滞后或超前的就业期望，都会在某种程度上阻碍大学毕业生顺利就业。家庭因素中，父母任何不健康、错误的就业价值倾向都会阻碍大学毕业生正常跨入人才市场寻找一份理想的职业。家庭因素中，父母过多无益的就业干涉也会挫伤大学毕业生求职或就业的信心、勇气和决心。与此同时，家庭因素尤其是父母正确的职业指导，可以为大学毕业生顺利就业保驾护航。父母的经济条件优越，可以为大学毕业生自主创业提供丰富的资源。父母的社会资本圈、人脉圈多样，可以为大学毕业生选择职业提供更多的可能性及现实性。父母的职业认知也可以为大学毕业生择业或就业指明前进的方向或道路。所以对于家庭而言，在引导大学毕业生就业或择业过程中要审时度势、扬长避短、发挥优势，结合社会环境现象，尊重大学毕业生个体的职业兴趣和爱好，结合大学毕业生的职业个性、专业特点及专业技能，有的放矢地引导大学毕业生做好职业规划，有步骤、有计划地为大学毕业生顺利就业助一臂之力。

1. 家庭尤其是父母要对子女就业的认知进行深入了解

作为家庭，尤其是父母，在指导子女做职业规划过程中要充分尊重子女，了解子女的职业兴趣，满足子女的职业心理需求，理解子女的职业价值取向，认真、耐心倾听子女在自身就业或择业过程中的想法、意见和建议，尊重子女的职业个性，以尊重、自由、平等、民主的心态与子女深入讨论就业问题，要充分信任子女对职业选择的认知，相信他们能够根据行业特点，结合自身的专业特色、个性特点独立地选择一份职业。作为家庭，特别是父母要积极倾听子女在就业上的想法，主动采纳子女合理的就业愿望，全力支持子女的求职行为；要积极引导子女根据自身实际情况、个人职业价值取向，量身打造自身的职业生涯规划，要为子女在全国各区域流动就业或择业提供物力、招聘资讯、精神上的支持；不仅要积极关注子女的就业问题，还要关注子女在就业过程中可能产生的各种不良的情绪波动，更要关注子女在就业过程中可能出现的意志薄弱现象。父母要积极

成为子女就业的引导者、指导者，而不是包办者；要引导子女积极地挖掘自身的就业潜能，充分发挥自身的专业优势，提升自身的就业能力，提高自身的就业技巧，加强自身的人际沟通能力。作为家庭因素，尤其是父母要洁身自好，言行一致，要教导子女在就业过程中自觉遵守社会公德和职业道德，自觉遵守国家一切法律法规，要教育子女将自身的就业与国家的需要、社会的发展、行业的发展紧密联系在一起，在就业中也要发扬爱国主义精神和集体主义精神；要引导子女在就业过程中脚踏实地，讲诚实，守信用，要用自身的实力来征服用人单位。作为家庭，特别是父母，要用优良的品质来影响子女，用良好的家风来感染子女，用实际的行动来支持子女，鼓励子女大胆地去追求自身的职业梦。在子女就业过程中要积极为他们出谋划策，排忧解难，为他们免除后顾之忧。对子女在就业中存在的一些问题，要与子女多探讨，帮助他们树立科学、合理、理性的就业观。

2. 家庭要加强与学校的交流与联系，助推子女顺利就业

日本作家池田大作曾经说过："在任何情况下，首先要让孩子自由自在的生长，这才是父母情深的表现，而且必须将这样的深情作为治家的宗旨。父母心胸狭窄，感情用事，或光依靠长辈的权威等等，对家庭教育都是有害无益的。"所以对于家庭而言，要充分尊重大学毕业生自主择业的权利。但尊重不等于放纵，尊重也不等于忽略或轻视。部分家长有时会错误地认为子女在小学、中学抓好教育，升上大学就万事大吉，任务完成，就不需要操心，由大学去管子女成长，由子女自主地去成长。但事实并非如此，梁启超先生曾经说过："亡而存之，废而举之，愚而智之，弱而强之，条理万端，皆归本于学校。"弗莱克也说过："大学是这样一种机构：它自觉地献身于对知识的追求，力争解决难题，用挑剔的眼光去评价人们的成就，并用真正的高水平去教育人。"由此可见，大学是造就人的重要场所，虽然说"师傅领进门，修行靠个人"，但人总有一种惰性，需要环境去影响，需要制度去规范，需要情感去感染。作为家庭，在大学毕业生就业过程中，要积极与学校加强联系，了解子女在校的学习情况及表现情况，为子女就业或择业提供一个更为准确的参考。作为家庭要调动积极性和主动性，要发挥全部力量调动一切的人脉关系圈，为子女多提供招聘资讯，多提供招聘岗位，多提供招聘渠道，多提供招聘区域或招聘方向；要积极与学校沟通，通过校园招聘为子女提供更多的平台；要通过家校交流，了解子女的理论知识和专业技能学习情况，了解子女在实习阶段的表现情况，了解子女在就业过程中的心态变化情况，了解子女对就业的想法，采取切实措施提升子女就业的信心，帮助子女及时纠正在就业过程中的不恰当行为，对子女提供必要的帮助。

3. 家庭要积极了解社会环境，把握行业发展动态，促进子女顺利就业

李大钊同志曾经说过："青年之字典，无'困难'之字；青年之口头，无'障碍'之语；惟知跃进，惟知雄飞，惟知本其自由之精神，奇僻之思想，锐敏之直觉，活泼之生命，以创造环境，征服历史。"马克思也说过："环境的改变和人的活动或自我改变的一致，只能被看作是并合理地理解为革命的实践。"社会环境是客观存在的，是不以人的意志为转移的，人们完全可以适应环境并改造环境。对于家庭而言，了解国内外经济形势发展，

了解国家的劳动力政策，了解各区域体鼓励人才的各种措施，了解用人市场的变化情况，可以为子女在全国各区域经济体流动就业或择业提供更多的适用的资讯，为子女就业助力。特别是了解行业动态，了解行业的发展趋势、现状以及行业对人才的具体要求情况、行业的工作环境、福利待遇、晋升机会等，都可以为子女顺利就业提供必要的借鉴。作为家庭，通过了解行业的基本信息，可以帮助子女树立更为理性的、合理的就业期望，结合自身的个性特点，寻找差距，查缺补漏，为子女顺利就业提供必要支持。家庭可以通过了解行业背景，帮助子女准确地定位职业，明确就业区域，知道就业的可能性和现实性。

4. 家庭要不断鼓励子女提升核心就业竞争力

学者毛弗鲁说过："一个人失败的原因，在于本身性格的缺点，与环境无关。"罗兰也说过："欣赏你目前的环境，爱你目前的生活。在无意义之中去找意义，在枯燥之中去找趣味。"对于在全国各区域体流动就业的大学毕业生而言，就业难问题的根源不单单在于劳动力市场中的结构性矛盾，也不单单是用人市场中供过于求的矛盾。更为关键的是人职匹配度不够，自身核心就业竞争力不足，造成了"技不如人"。作为家庭要积极引导大学毕业生提升自身综合素质，增加就业的"砝码"，增强就业的自信心。大学毕业生的核心竞争力是指大学毕业生个体通过社会历练，能够持续获得就业竞争优势的综合性能力和素质，是大学毕业生个体所特有的，能够经得起劳动力市场检验的，具有延展性，并且是在用人市场中其他竞争对手难以模仿和难以匹敌的独特技术或能力。它主要涵盖三个方面的要素：一是理性、准确的职业定位；二是就业综合能力与拥有的社会资源量；三是现实的可操作性、极强的执行能力。大学毕业生核心就业能力，具有独特性、价值性、稀缺性、不可替代性、难以模仿性的特点。家庭尤其是父母要引导大学毕业生加强专业知识积累、专业技能训练、专业素质拓展，要鼓励大学毕业生在用人市场中充分展示自身的综合就业实力，特别是在平时要有意培养大学毕业生就业的一些通用技能，如社会人际关系与沟通能力、职场领悟和执行能力、团队协作能力、组织管理能力、情绪管理能力，特别要引导大学毕业生自身职业素质的提升，如职业道德的遵守、身心素质的优化、科技素质的提高、专业素质的提升等。家庭尤其是父母要引导大学毕业生在全国各区域经济体流动就业或择业过程中加强政治理论学习，要学法、知法、懂法、守法，老老实实做人，清清白白做事，勤勤恳恳做事；要学会发现职场中的美，追求真、善、美，摒弃职场中的假、恶、丑现象，不断地展现自己的职业特性，特别是要提升自己的职业素养，培养自己的职场意识，培养自身的职业态度和职业作风；要引导大学毕业生在全国各区域经济体流动就业或择业过程中不断强化责任意识、质量意识、规范意识、文化意识、时间意识、学习意识、创新意识。

5. 家庭要提高子女在就业中的独立自主能力

作为家庭要积极引导大学毕业生正确看待家庭因素的积极作用与消极作用。就业毕竟不仅仅是家庭的事，国家和社会的事，更是大学毕业生自身的个人行为。一方面大学毕业生可以充分利用家庭因素中的积极作用，如父母的社会资本及社会人脉圈的影响，为自己的就业或创业创设各种可能性和现实性。比如，自主创业的资金来源、就业过程中产生的各种成本来源，可以拓宽自身就业的渠道。另一方面大学毕业生也不能抱着一种"等、靠、懒、要"的就业思想，只等家庭给自己安排工作，在工作上奉行"拿来主义"思想。这种依赖行为不仅对大学毕业生在全国各区域经济体流动就业或择业无益，更是有害。要引导大学毕业生正确看待家庭在就业中的影响程度，要引导他们牢固树立"天生我材必有用"的思想，要调整好自身就业的心态，要相信劳动力市场的基本法则，如公平、自由、竞争、自主、双向择业。要在就业过程中既保全自身的就业合法权益，又不能刻意去损害他人、用人单位、国家、社会的合法利益。要引导他们正确看待用人市场中出现的各种不良现象，要正视现实，整装待发，努力通过自身的努力去获取一份理想的就业岗位。要尊重家庭尤其是父母的合理就业建议或意见，不能太过简单粗暴。特别是当自己与家庭在就业抉择过程中产生分歧时，要多沟通，多解释，多交流，多澄清，要积极主动地向家庭表达自己的求职意愿和求职的定位，要多面对面沟通。在自身就业问题上要学会倾听，学会换位思考，学会坦诚相待，要适当调节好自身在就业过程中产生的种种不良情绪，要学会正确地归因，特别是在遭遇就业挫折或困境时，不怨天尤人，埋头苦干，充分发挥自身的才能和优势，去获取最后的胜利。

第十节 提高基层社区服务能力，助力大学毕业生就业

对于在全国各区域经济体流动就业或择业的大学毕业生而言，在劳动力市场中，与用人单位的互联互通十分密切，但他们在流动过程中，其生活、学习、工作、休闲、娱乐与基层社区、居委会、村委会联系十分紧密。社区是指聚居在一定地域范围内，人们所组成的社会生活共同体。它包括一定数量的人口、一定范围的地域、一定规模的设施、一定特征的文化、一定类型的组织，它们之间既有一定共同的意识和利益，又有着较为密切的社会交往。每个社区都有一定的社会服务组织或机构，如政府部门、医院、学校、商店、企业、群众团体、休闲娱乐设施等。社区正是通过这种组织机构的密切活动，来为大学毕业生在就业或择业过程中提供各种便利。

社区从纵向和横向上可以明确地分为传统社区、发展中社区、现代社区或发达社区、地方行政区、自然社区、专能社区、城市社区、农村社区、小城镇社区、城乡联合体、网络虚拟社区等。从社区整体功能角度上来看，它可以为满足大学毕业生的物质生活和精神生活提供必要的场所，为培育大学生的公民意识、公民义务，促进公民的社会化、现代化、职业化转型提供平台。它可以为化解社会各种矛盾，促进社会和谐、健康、可持续发展提供基本的保障。它具有明显的自治功能、服务功能、教化功能、社会管理功能、社会稳定器功能、政府政策落实功能、社会资源的整合功能。它可以提升大学毕业生的

物质生活水平，密切联系政府、用人单位、社会就业团体，它可以为大学毕业生安心工作、安心生活创造良好的环境。

一、要充分利用社区先进的社区文化，促进大学毕业生就业价值观的正面转化

社区是大学毕业生在全国各区域经济体流动就业或择业过程中的生活沃土。随着社会主义市场经济体制改革的不断深化，供给侧改革的不断推进，社会经济产业结构转型升级步伐加速，各种经济成分多元存在，各种物质利益主体多样化，各种利益诉求复杂化、个性化，各种就业岗位类型千差万别，各种就业资讯铺天盖地，各种就业选择也更加多样化。面对就业选择过程中的机遇、挑战和诱惑，有些大学毕业生能够坚守道德底线和社会法律底线，以自身的诚实、努力、进取奋斗，去获取一份称心如意的工作。但也有极少数大学毕业生在社会滚滚浪潮中迷失了方向，在就业过程中模糊法律界限，淡化道德边缘、边界，急功近利，试图一夜暴富，为了一己私利，不择手段地获取一份工作，甚至以损害别人的合法就业权益，损害国家、社会、集体的合法利益的方式就业和择业，这种行为不仅是可耻的，也是可恶的。1999年大学实施扩招以后，大学毕业生数量逐年激增，为我国科技强国、人才强国战略储备了大量的宝贵的人力资源，为推动城镇化进程提供了许多人力资本，为国家现代化、信息化提供了坚实的人才基础，它对提高国民科学文化素质和思想政治素质起到明显的帮助作用。孙中山先生说过："治国经邦，人才为急。"胡瑗也说过："致天下之治者在人才，成天下之才者在教化。"人才是生产力中最根本、最重要、最直接、最核心的生产要素，人力资源不仅要大力培育发展，也要优化合理配置。来自教育部的相关数据显示：2017届大学毕业生预计为795万人，相对于2006年人数又增加了30万左右。数据同时也显示：从2001年起，中国大学毕业生人数不断剧增，2001年中国大学毕业生人数为114万人，截止到2016年，全国大学毕业生人数每年增加了651万人。大学毕业生就业难问题已经成为一个不可回避的民生问题，从根本上讲，大学毕业生就业难并不单单是数量上的供过于求，人才总量上的饱和，更为深层次的原因是就业结构性的矛盾、人职不匹配、区域人力资源配置不均衡，以及就业信息杂乱状态下大学毕业生在全国各区域经济体流动就业或择业的盲目性。大学毕业生的就业价值观念悄然发生了许多复杂的变化，受到国家相关就业政策或措施的落实，城乡二元体制，国内宏观经济形势状况，国家产业结构的调整，国有企业转型、升级、换代等的影响。尤其是大学毕业生就业和择业的价值观念偏差，是导致大学毕业生就业难的一个重要原因。

社区是社会组织的细胞体，也是传播文明的重要集散地，社区，尤其是社区文化，对于在全国各区域经济体流动就业或择业的大学毕业生而言，对其就业价值观的树立起到潜移默化的作用。

要大力发展社区文化，引领大学毕业生树立科学、合理、理性的就业价值观。学者

爱德华·泰勒在《原始文化》一书中描述道："文化是一个复杂的总体，包括知识、信仰、艺术、道德、法律、风俗，以及人类在社会里所获得的一切能力与习惯。"社区文化是指在一定的区域范围内，在一定的社会历史条件下，社区成员在社区社会实践中共同创造的，具有本社区特色的精神财富及其物质形态。它具有社会化成分、一定的功利作用、理性与世俗并存、开放性、系统性、政治性、科学性、实践性、长期性、可持续性等特点。社区文化具体包括环境文化、行为文化、制度文化、精神文化。社区文化建设具有明显的引导功能、约束功能、凝聚力功能、娱乐功能、激励功能、改造功能等。

要充分利用社区文化的多样化载体，如宣传栏宣传、话剧表演、主题演讲、播放国家改革开放纪录片、宣传刊物宣传，以及其他各种社区社会实践活动等，广泛宣传践行社会主义核心价值观，大力弘扬中华民族优秀传统美德，大力发扬社会主义新风尚，大力宣传国家各种就业法律法规，大力宣传中国传统职业道德、社会公德。引领大学毕业生在全国各区就业或择业过程中，树立正确的就业价值观，引导他们将个人就业抉择与社会的需要、国家的需要、用人单位的需求紧密结合在一起。引导他们在全国各区域经济体流动就业或择业过程中，牢记社会责任，将个人就业价值观与社会价值观结合在一起，遵守国家法律法规，恪守社会道德规范，将自身专业与劳动力市场个性化需求联系在一起。通过开展社区文化活动，引导大学毕业生在全国各区域经济体流动就业或择业过程中，劳逸结合，身心愉悦。

通过开展各种活动，如社区文化节、体育节、艺术节、社区周年庆、社区文化会汇演、组建社区兴趣小组、社区歌唱比赛、社区秧歌、社区广场舞、社区音乐表演、社区读书比赛等，提高大学毕业生家园的归属感和职业成就感。在开展社区文化建设过程中，可以紧密结合大学毕业生的个性化特点、专业特色、技能类型、个性化的心理需求，有的放矢地进行。在开展社区文化活动过程中，要坚持老和少的结合、大和小的结合、雅与俗的结合、远与近的结合、教与乐的结合、虚与实的结合、内和外的结合的原则。各社区要依托社区特色，在社区场所、活动资金、服务机构、实施方案上多方筹集，下苦功夫，精心准备，采取必要措施，落实到位。

当前社区文化建设存在的一些问题，需要引起我们反思，主要表现在社区许多配备设施不齐全，社区文化资金投入不够，社区文化队伍建设不完备，社区的各种文化资源尚未完全有效整合、共享利用，社区文化建设参加的人员较少，参与活动的人员主动性、积极性方面仍有待提高。所以在社区文化建设中，要结合大学毕业生个性化特点，加大调研，统一规划，加强领导，明确目标、任务，完善相应的配备机制，群策群力，落实责任。尤其要发挥社区各种行政资源的效能，要加快推动社区文化站、社区文化中心、社区文化广场、社区文化活动室建设，加大布局、合理分配功能区，使各种功能区能实现优势互补、完备健全、高效科学、雅俗共赏。要大力抓好社区服务人员的服务质量，构建一支政治素质高、业务能力强、服务态度优、服务水平高的社区文化建设服务队伍。在开展社区文化过程中，要坚持"贴近社会，贴近大学毕业生，贴近实际"的原则，多开展一些弘扬"真、善、美"的活动，积极宣传先进典型，发挥就业榜样的力量，以点带面，广泛辐射，把国家大政方针宣传到位，把先进的精神文明播撒到位，把每个大学毕业生教育到位，服务到位。社区文化活动要坚持丰富多彩、生动活泼、通俗易懂、老少皆宜。在开展社区文化建设过程中，要坚持解放思想，实事求是，与时俱进，要有品位、有特色，活动类型多样化，要不断完善社区文化宣传的信息化程度，充分利用各种现代传媒技术来开展宣传。要充分利用互联网、广播、电视、宣传栏、报纸杂志、宣传册等，开展精神文明主题的宣传活动。要大力引导大学毕业生结合自身专业特点，发扬志愿者精神，为社区文化添砖加瓦。要充分发挥社区群团组织作用，提升社区文化建设水平，要多鼓励社区所在的政府机构、群众组织如工会、妇联、社会人力保障部门、高校共青团、就业中介机构和公益组织等，形成合力，发挥积极作用，为社区大学毕业生就业和择业助一臂之力。要广泛收集社区文化活动的各种信息，掌握活动动态，做好信息反馈。要加强对社区文化的考核评议，加强领导指导。

二、要加强对大学毕业生就业的帮扶体系建设

大学毕业生能否就业和择业，受许多主客观因素的影响，关键在于大学毕业生自身，当然，外部环境的影响也是十分显著的。当前大学毕业生在全国各区域经济体流动就业或择业过程中，主流就业意愿是强烈的，效果也是明显的，但仍存在一些值得我们警惕的问题：少数大学毕业生毕业后不就业、慢就业、错就业、被就业、甚至选择"啃老"；部分大学毕业生以工作不合适为借口不去主动择业；部分大学毕业生由于身心缺陷等原因，导致就业过程中困难重重；部分大学毕业生由于受到各种就业歧视，就丧失就业的信心；部分大学毕业生由于就业价值观存在偏差，试图一夜暴富而加入各种非法传销组织不能自拔；部分大学毕业生由于一己私利，在就业或择业过程中滑向了犯罪的深渊。社区服务是大学毕业生就业工作的重要组成部分，可以依托其特有的地理、人文环境优势，为大学毕业生提供必要的就业服务信息，提供一些公益性的就业岗位、志愿者服务岗位，为就业困难的大学毕业生提供心理辅导等。

当前社区在为大学毕业生就业或择业提供相应服务方面仍然存在一些问题，如缺乏专门性的服务队伍、服务的质量参差不齐、服务的渠道比较狭窄、服务的机制和体制不健全、服务的信息不足、服务的效率不高、服务的权责不清、服务存在一些行政性倾向、服务态度不佳、服务热情不高、服务网络化体系建设不健全、对于国家有关就业的法律法规宣传不到位、服务类型比较单一、服务所需资金缺乏、服务考评体系不完备等，这些问题在一定程度上阻碍了社区服务的效能。对于社区而言，它可以为大学毕业生在全国各区域经济体流动就业或择业提供许多帮助，如户口的落实、教育的帮助、医疗的服务、招聘资讯的服务、就业岗位的提供、安全上的保障等。所以对于社区而言，要加强重视，完善相关服务大学生就业的工作机制；要建立完善的助力大学毕业生就业、服务的考核、激励、表彰机制。要不断推进服务的制度化、规范化、科学化；要构建大学毕业生就业

服务的信息评估，对所有大学毕业生的就业情况进行认真调研，逐一摸排，建立档案，要与家庭紧密联系，动态跟踪；要充分发挥社区的领导、组织、协同、整合功能。

三、要整合社区各种服务资源，实现所在社区大学毕业生就业情况的互联互通

要及时采取相应措施，采集大学毕业生就业情况的相关数据，实现共享，要依靠必要的行政力量，整合必要的行政资源，充分发挥国家有关就业大政方针的导向作用。要结合国家相关就业法律法规和鼓励措施，引导大学毕业生在全国各区域经济体就业或择业过程中合理、有序、理性流动。要不断完善社区服务大学毕业生就业工作管理机制。要提供相应的资金，落实必要的人力物力，提供相应的保障机制。要不断规范社区服务、大学毕业生就业各项活动，在服务内容和服务方法上下苦功夫。要结合大学毕业生个性化的职业需求、个性化的专业特点，协助他们顺利就业或择业。也可以与用人单位密切配合，引导他们在就业岗位上适当向大学毕业生倾斜。要做好大学毕业生就业和择业的服务宣传，大力宣传大学毕业生的就业经验、典型事迹，提升大学毕业生就业的信心。要营造大学毕业生就业和择业浓厚的社会氛围和舆论氛围，利用现代先进的传媒技术，如微信、微博、公众号、手机短信等，形成正面的就业服务宣传网格化体系。要不断提高服务大学毕业生就业和择业的影响力，丰富服务大学毕业生就业和择业的载体。要不断完善社区服务大学毕业生就业和择业的考核评价体系，通过社区外部监督和内部监督，广泛征求各种服务意见，多方争取社会用人单位的支持，帮助大学毕业生就业或择业落实到位。社区要积极培育服务大学毕业生就业或择业的骨干力量，依托他们提升服务的整体素质，不断探索服务大学毕业生就业的新机制、新规律、新特点。要实现社区、用人单位、大学毕业生三者的有效衔接，走出一条具有中国特色、服务大学毕业生就业择业的道路。

社区要把助力大学毕业生就业关口前移，要重视大学毕业生中的弱势就业群体，社区要加强工作创新，要主动抢占就业服务的主阵地，通过与单位紧密联系，坚持"请进来，引出去"的原则。通过社区与用人单位共同构建畅通无阻的沟通体系，引导用人单位能够详细地了解社区内大学毕业生的具体情况，包括其专业情况、实际技能水平和个性化需求，实现无缝对接。要通过设计社区活动、进行政策宣传、与社区所在的地方高校联谊、与所在地地方企业联谊等方式，使社区、高校、用人单位、大学毕业生连为一体，助力大学毕业生就业。要广泛宣传党和国家关于大学毕业生就业择业的相关法律法规、鼓励措施，要让大学毕业生及时了解本区域经济体的经济发展状况以及就业前景、就业岗位情况，鼓励大学毕业生返回生源所在地就业，为家乡脱贫致富建功立业。要力争在服务大学毕业生就业择业方面关口前移，社区要特别重视服务由于各种原因而无法顺利就业的大学毕业生弱势群体，为社区内经济困难、心理存在问题的大学毕业生开展专项重点帮扶。要充分利用国家的各种帮扶政策，在就业岗位、技能培训、就业区域、就业招聘、

咨询、就业招聘渠道等方面给予适当的政策倾斜，并提供必要的就业援助。要广泛宣传就业促进法，在政策允许条件下，多方筹集资金，广泛联系用人单位，为大学毕业生群体提供帮助。要自觉抵制各种非法传销组织、没有任何资质的"皮包"单位在社区里面兴风作浪。要帮助弱势大学毕业生群体端正就业态度，提高就业信心，坚强地面对在就业或择业过程中碰到的各种困难，勇敢地追逐自己的就业梦。要为心理困难的大学毕业生群体，提供必要的社区关怀、心理援助，可以联系社会相关的心理咨询机构或者专业人士，为他们提供心理咨询服务。社区要经常走访各种类型的大学毕业生群体，要想他们所想，急他们所急，为他们顺利就业或择业提供力所能及的帮助，要多争取一些公益岗位向他们倾斜，真真正正为他们做些实事、好事。

第十一节　加强思想政治教育，引领大学毕业生树立正确的、理性的择业和就业观

一、加强大学毕业生在全国各区域经济体流动就业或择业中思想政治教育的现实意义

大学生是家庭的希望，是社会和谐、健康、持续发展的宝贵人力财富，需要采取必要的措施和手段，通过细致、系统的思想政治教育来引导。大学毕业生应树立正确的、理性的择业和就业观。这不仅关系到我国小康社会的全面建成，也影响国家和民族的长远命运，关系到我国全面实施科教兴国战略能否实现。它影响到社会千千万万家庭的幸福。一个大学毕业生顺利就业或择业能给家庭带来希望，为国家、社会做贡献。人才是立国之本，习近平总书记在各种场合、许多会议上反复强调人才的重要性。他明确指出："创新是引领发展的第一动力。抓创新就是抓发展，谋创新就是谋未来。适应和引领我国经济发展新常态，关键是要依靠科技创新转化发展速率。"

大学毕业生既是普通劳动大军的重要组成部分，也是我国实施人才强国战略的重要人力资本。对于在全国各区域经济体流动择业或就业的大学毕业生而言，他们不仅在社会中创造并实现个人价值，同时也在为国家和社会创造社会价值。百年大计、教育为先，教育是民族振兴、社会进步的基石，是提高全民族综合素质，促进人的全面、和谐、可持续发展的重要途径。对于大学毕业生而言，在全国各区域经济体间就业或择业流动过程中，不仅需要国家或社会的积极正确的引导，也需要高校切实加强思想政治教育，引导他们正确、客观、理性择业。2005年2月，胡锦涛同志在省部级主要领导干部提高构建社会主义和谐社会能力专题研讨班上明确指出："一个社会是否和谐，一个国家能否实现长治久安，很大程度上取决于全体社会成员的思想道德素质。加强大学毕业生的思

想政治教育工作有利于提高他们的政治素质和职业素质，为全面建成小康社会，实现中华民族伟大复兴的中国梦提供动力支持，有利于培养新形势下社会所需要的各种高素质的人才。

截止到 2016 年，我国大学毕业生总数为 756 万人，数据显示，2016 年中国高校毕业生按专业类来分，工学类占 42.09%，文理类 24.97%，经济学类为 11.8%，三者总共占毕业生总数的 78.86%。毕业生中人数最少的依次为军事学、哲学与历史学。数据同时显示，在 2016 年第二季度，平均 45 人竞争一个岗位。

如此庞大的大学毕业生群体就业将往何方？是去事业单位还是去企业单位？相当一部分大学毕业生在全国各区域经济体流动择业或就业过程中都会产生困惑或波动情绪。对大学毕业生进行细致、系统的思想政治教育有助于大学生更加真实、全面、理性地认识社会用人环境，更加清醒地去树立正确的择业观和就业观，更加理性地选择就业岗位，更加从容地选择就业地点或区域。在 2000 年 6 月召开的中央思想政治工作会议上，江泽民同志曾经指出："党的思想政治工作是经济工作和其他一切工作的生命线，是团结全党和全国各族人民实现党和国家各项任务的中心环节，是我们党和社会主义国家的重要政治优势。"对大学毕业生进行思想政治教育有利于大学生个体树立正确的、科学的就业价值观，有助于推动大学生社会化进程，有利于引导大学生树立正确的个人发展价值观，有助于充分发挥思想政治教育的政治价值、经济价值、文化价值、生态价值。人的因素是生产力中最积极、最活跃的因素，起着根本的决定性作用。通过思想政治教育可以充分激发大学毕业生的就业潜能，提升他们的职业素养，端正他们的就业价值观，激发他们的就业或创业热情与创造精神，对推动社会发展具有重要现实意义。通过思想政治教育也有助于调动他们的就业积极性，提高大学生认识世界和改造世界的能力，从而促进社会生产力的发展。

二、加强大学毕业生在全国各区域经济体流动就业或择业中思想政治教育的具体内容

思想政治教育是社会或社会群体用一定的思想观念、政治观点、道德规范对其成员施加有目的、有计划、有组织的影响，使他们形成符合一定社会所要求的思想品德的社会实践活动。对于在全国各区域经济体流动就业或择业中出现的结构性就业矛盾问题，不仅需要政府、社会、家庭、高校的努力，也需要大学生自身做出许多的努力。

中共中央《关于进一步加强和改进大学生思想政治教育的意见》中明确指出："在继承党的思想政治工作优秀传统的基础上，积极探索新形势下大学生思想政治教育的新途径、新方法，努力体现时代性，把握规律性，富于创造性，增强实效性。"面对新形势下大学生在全国各区域经济体流动就业或择业中面临的考验和挑战，思想政治教育也需要紧跟时代步伐，在继承和发扬优良传统的基础上不断创新，不断摸索新的教育内容、教育形式、教育方法和教育机制，加强针对性、实效性、吸引力和感染力。只有如此，

新形势下的思想政治教育才能有旺盛的生命力，才能与大学毕业生就业工作紧密结合，成为大学毕业生乐于接受的一种内在需求，从而真正承担服务就业的历史职责和使命。

1. 新形势下社会主义劳动力市场的变化对大学毕业生就业观产生的影响

马克思主义唯物论认为："社会存在决定社会意识。社会意识是社会存在的反映，同时它对社会存在具有反作用"。首先客观全面地了解、理解大学毕业生在全国各区域经济体流动就业中所持的就业观有哪些内容、具体表现形式以及变化的主要影响因素，是做好思想政治教育工作的前提条件。马克思认为："意识必须从物质生活的矛盾中，从社会生产力和生产关系之间的现存冲突中去解释。"大学毕业生的就业观不是从天上掉下来的，更不是他们臆想出来的，而是从社会存在，从社会客观中得来的，就业观的产生、存在和发展与社会存在息息相关。从这个角度出发，马克思思想为我们开展思想政治教育指明了方向。

大学生就业价值观是大学生的人生目标和人生态度在职业选择方面的具体表现，也是一个人对职业的认识和态度以及他对职业目标的追求和向往。由于大学生自身的具体条件、人生经历、教育情况、家庭背景、个人兴趣等方面存在差异，大学毕业生对不同职业就会有不同的主观体验和主观判断。这些评价就形成大学生的就业观，并深刻影响大学生对就业方向、就业区域和需求职业岗位的抉择。马克思认为，思想意识是社会存在的反映，它具有明显的社会性，它也反映了大学生主体身处的社会现实关系，对于大学毕业生群体而言，其就业观毫无例外带有时代的社会现实背景的特点。与此同时，任何人都生活在特定的社会现实中，因而大学毕业生的就业观不但带有时代的特征，也具有反映他们所处现实社会关系的内容。不同的大学生个体及群体有不同的就业观。历史唯物主义关于社会存在决定社会意识的原理，为我们深入研究大学生就业观，开展相应的思想政治教育指明了前进的方向。从根本上讲，大学生的就业观的调整和改变最终取决于社会物质生活条件的改变，即取决于生产方式的改变。

社会主义劳动力市场与思想政治教育的针对性紧密相联。我国正处于社会主义市场经济发展的关键时期，也是全面建成小康社会，实现中华民族伟大复兴的中国梦的重要时期，劳动力市场发生了巨大的变化，过去那种统包统配的局面已一去不复返，自主选择、双向选择、市场竞争法则已初步在用人市场中确定。市场经济作为社会主义经济发展的重要模式，它不仅仅是一种市场行为，我国所实行的市场经济是在社会主义政治经济文化基础上的市场经济，是马克思主义理论指导的市场经济，是为了实现社会主义和最终实现共产主义所采取的发展经济的一种手段。劳动力市场作为社会主义市场的重要组成部分，它具有社会主义市场的共性，又具有自身的个性。

我国是一个人口大国，同时也是一个人力资源比较丰富的国家。《中国人力资源开发现状》数据显示：截至2009年年末，中国劳动力资源106969万人，比2000年增加11267万人，就业人员77995万人，其中城镇就业人员31120万人，分别比2000年增加5910万人和7969万人，2010年全国就业人员79163万人，2016年城镇新增就业1168万人，比上年增加 66 万人，年末城镇登记失业率为 4.02%，比上年末下降 0.03%，2010 年农民工总量为 24223 万人，比上年增长 5.4%。其中，外出农民工 15335 万人，增长 5.5%，本地农民工 8888 万人，增长 5.2%。这些数据也佐证了我国现有庞大的劳动力大军。新时期，我国劳动力市场也呈现许多新的特点。一方面劳动力转移的长期性、复杂性说明劳动力供应量仍然充足，但是全国各区域劳动力供求结构性矛盾依然十分突出。近些年来，全国各区域都出现不同程度的"招工难""用工荒"现象，人才争夺战此起彼伏。另一方面，大量大学毕业生在全国各区域经济体内盲目地找工作，大量的农村剩余劳动力无业可就，这反映出长期性劳动力供应与短期性劳动力稀缺的尖锐矛盾。2016 年 11 月 21 日《第一财经日报》数据显示，我国 15~59 岁劳动年龄人口在 2011 年达到 9.25 亿人，2012 年比 2011 年减少 345 万人，2013 年减少 244 万人，2014 年减少 371 万人，2015 年又减少 487 万人。到 2050 年劳动年龄人口预计由 2030 年的 8.3 亿人降到 7 亿人。而企业薪酬增长速度为 10% 左右，如 2011 年为 11.3%，2012 年为 10.5%，2013 年为 9.7%。另外，劳动密集型企业离职率 2011 年为 35.5%，2012 年为 37.2%，2013 年为 36.2%，这些数据反映的一些现象值得我们深思。适龄劳动人员呈下降趋势，这意味着劳动力供应呈下降态势，人口老龄化日益严重，劳动力供给明显减少，也体现了劳动力在供求过程中对质的要求提高。此外，离职率不断攀升，反映了部分企业的生存和经营状况，也反映了劳动力大军在就业或择业中的价值取向出现一些新变化。我国社会主义市场经济改革进入了关键的深水区，产生结构调整仍在继续推进。现有的劳动力大军年龄结构和知识构成对社会经济发展影响深远。"用工荒""民工荒"的背后是 15~24 岁青年劳动力的大幅度下降，2006 年这个群体人数为 1 亿~2 亿人，估计到 2020 年下降近一半，达到 6000 万人。现有的劳动力市场的变化也会影响大学毕业生在全国各区域经济体流动就业或择业，尤其要在开展思想政治教育过程中如何提升大学生的全面综合素质，引导他们不断提高职业技能，使之与劳动力市场需求相匹配。数据同时也显示，目前我国劳动力高技能人才只占 4%，普通技能人才占 20%，劳动力中受过技能培训的人才的数量仍然无法满足用人单位的需求。

从国际社会用人环境来看，也不容乐观。2015 年 2 月 15 日，《中国经济报告》数据显示，全球经济遭遇重大挑战，发展大部分呈现迟缓态势。根据国际劳工组织数据，2014 年全球失业率为 6.1%，比上年增加 420 万人，其中发达经济体和欧盟地区失业率为 8.6%，中东欧非欧盟国家及独联体国家地区失业率为 8.3%，东亚地区为 4.7%，东南亚和太平洋地区、南亚地区分别为 4.3% 和 4%，北非地区为 12.2%，截至 2017 年全球毕业生人数将达 2.18 亿。对于中国而言，以 2014 年数据为例，区域间人才结构性矛盾依然十分突出，东、中、西部市场岗位空缺与求职人数的比率分别为 1.06、1.06 和 1.20，供应明显高于需求，与 2013 年相比，东部需求与求职人数分别下降 7.3% 和 7.2%，中部分别下降 6.6% 和 4%，西部分别下降 6.7% 和 1.3%。这表明我国经济发展也进入一个高调整期，人才供求和人才需求双双下降，大学毕业生就业或择业面临的挑战更多、困境更大，求职成本

-117-

也相应增加。这些现象也会刺激大学毕业生在全国各区域经济体求职过程中不断调整、优化自身的就业观。

就全国用人市场变化情况来看，我们面临的形势依然不容乐观，就业工作任务仍然十分繁重。推动大学毕业生顺利就业、全面就业的道路依然十分漫长，主要面临的严峻挑战体现在以下五个方面。一是大学毕业生就业结构性矛盾借外力以达到结构调整需要时间，调整期也是就业的除病期。二是随着信息化、自动化的普及与推广，传统粗放的劳动力逐渐被精细化、智能化劳动力取代。社会各行各业互联网的普及及推广，自动化、机器化的广泛运用，对劳动力的需求也随之降低。三是受全球经济影响，我国经济发展也呈现迟缓的态势，这在一定程度上也会减少对用人的需求。四是整个社会，社会主义市场经济仍处于攻坚克难阶段，整个劳动力市场环境仍有待进一步规范和净化。五是自主创业、"大众创业万众创新》的局面仍然处于初创阶段，整个创业环境也需要进一步的优化。

2. 新形势下用人市场的变化引发大学毕业生就业观的变化

市场经济环境下，产业结构调整，法律法规不断完善，对大学毕业生在全国各区域体流动就业或择业的价值倾向产生了巨大的影响，并对思想政治教育提出巨大的挑战。社会主义市场环境下，劳动力市场的变化引发大学毕业生就业观的相应变化。

首先，它激发大学毕业生就业新思想、新理念、新价值的产生，又诱发个人主义、自私自利求职心态的产生。市场经济下，用人市场讲究自主选择、双向选择、效率优先、竞争意识、优胜劣汰，这些市场法则为用人市场注入了活力，同时也改变了过去大学生那种"等、靠、要、懒、赖"的就业心理，改变了过去大学生那种因循守旧的心理。与此同时，产生了新的就业观，如把握时间、勇于开拓、勇于尝试、不断进取，大学毕业生在全国各区域体流动就业中的积极性和主观能动性不断提升，并在求职过程中敢于维护自身正当的个人利益，不断优化个人的职业价值，讲求自我价值的实现。但是也诱发一些极端的自私自利的心理的产生。过于强调自我追求，以我为中心，把个人的求职之路与他人、社会对立开来，只讲求个人利益，忽略国家、社会的利益，甚至为了求职成功，弄虚作假，不择手段等。

其次，用人市场的新态势虽然促进了大学生求职的个性解放，但造成一定的大学生价值取向偏差。对于用人市场而言，自由、开放、竞争、多元基本法则确立，而这并不意味着没有原则、不讲道理、不守规则，大学毕业生在全国各区域体流动就业求职过程中也会有许多职业价值倾向的冲突和对抗，它在一定程度上对用人市场的稳定造成破坏

再次，用人劳动力市场的发展变化，也诱发一些大学生就业过程中产生一定的拜金主义。在社会主义市场中劳动力用人市场倡导付出与收入呈正相关性，每个大学毕业生都可以自主独立地追求个人职业价值和利益，自主性与平等性法则盛行，这些都使大学毕业生获得较大的经济人格独立。随着物质利益的凸显，部分大学毕业生在求职过程中不讲尊严，不顾人权，不谈感情，只讲金钱，用金钱来衡量职业的价值，用金钱来区分

职业的贵贱，甚至不讲基本职业道德，不讲法律，把职业变成一种纯粹的金钱关系，纯粹的买与卖的关系，用金钱来取代个人尊严，甚至为了金钱放弃自己的美好职业梦想，并坚持所谓的"前途前途，有钱就图；理想理想，有利就想"，拜金主义完全葬送了大学毕业生基本的人性。

最后，用人市场的发展也导致部分大学生享乐主义思想的滋生。社会主义市场经济的发展、用人市场的新变化，并不否认大学毕业生自身正当、合理、合法的物质利益观，也鼓励大学毕业生在就业或择业过程中通过个人的努力获得相应的各种待遇。它有助于建立适应和谐社会发展的正确的权利观。部分大学毕业生过度追求物质利益，重利轻义，过分追求物质利益的满足，把肉体或感官体验作为职业发展的唯一追求，把个人的需求简单化、庸俗化，过于功利性，在求职过程中投机取巧，实用主义至上，使个人的职业价值片面性、畸形化。

3. 大学毕业生在就业或择业过程中就业观偏差的具体表现

新时期大学毕业生在全国各区域经济体流动就业或择业过程中产生一些错觉，如有些毕业生认为处处有岗位、时时有岗位，随便找也能找到一份工作，即过分乐观心理。部分大学毕业生却认为工作难找，竞争压力大，找工作不容易，找好工作更不容易。大学生毕业了，用人市场的需求是什么，所学专业或技能能否符合市场需求，自己能不能胜任工作岗位，还是心中没底。大学毕业生一些歪曲就业观的具体表现之一是部分大学毕业生眼高手低，对将来要找的工作待遇要求过高。比如，部分大学毕业生一毕业就不顾自身主客观条件的实际，一味追求工作岗位一定要在大城市、省会城市，在政府机关或在大公司、大企业，去东部沿海城市，不愿意去中等城市、中西部或东北部、偏远地方、私营、民营企业，甚至不考虑去小微企业。这样人为地限制自身择业的广度和深度，为了眼前的蝇头小利，放弃了长远规划，导致在就业或择业过程中困难重重。又比如众所周知，大学毕业生在就业过程中主要矛盾是人才供求结构性矛盾，其主要原因是大学毕业生所学专业或具备的技能不能与用人单位需求相匹配，部分专业岗位又过于饱和，部分用人单位岗位又无人问津。部分大学毕业生在校期间没有认真学习，结果专业"半桶水"，技能"一滴水"，这在某种程度上也激化了人才供求结构性矛盾。再比如部分大学毕业生在全国各区域经济体流动就业或择业过程中没有主见，喜欢"随大流"，别人去哪里，他也去哪里，所以无法根据用人市场的需求，结合自身实际去寻找理想职业，特别是在就业或择业过程中心理抗挫能力差，如过于自卑、过分焦虑、嫉妒心理、不能吃苦、不肯吃苦、不能正确看待求职过程中碰到的择业失败等。有些大学毕业生在择业过程中，无法客观、全面认识自身的能力、优势而出现本领恐慌。

4. 大学毕业生就业观更加多样化

市场经济条件下，用人市场的发展变化对大学毕业生就业价值观产生深远的影响，在激烈的市场竞争中，大学毕业生的就业观变得更加包容、开放、独立、多元、复杂。大学毕业生就业观念的变化与变革是不以人的意志为转移的客观过程，它终究是由现实社会劳动力市场的变革所决定的。当代中国自主择业、双向择业，市场规划的这种新的就业模式带来了包括生产关系在内的社会关系的新特征，使大学毕业生的价值倾向、思想观念、精神面貌、职业选择等发生了许多变化，进而推动了整个毕业生群体就业价值观念的变革。无论我们想不想、愿不愿意、自觉不自觉，都需要面对并接受这种新变化。大学毕业生在全国各区域经济体流动就业或择业过程中理念的变化是一个复杂的、长期的历史过程。这一过程既有不同大学毕业生不同时期旧的就业观念在作祟，也有新时期大学毕业生新的就业理念在起冲击作用。通过新旧就业观念的碰撞，与社会现实用人环境的有机结合，推动我国经济向前发展。对于思想政治教育而言，要研判好当前劳动力市场的现实形势与变化，结合大学毕业生在全国各区域体流动就业或择业的新特点，结合大学毕业生自身身心的特点及专业特征，破除陈旧的、过时的、不合时宜的就业理念，增强与社会主义市场经济相适应的现代就业理念。市场经济的发展，用人市场的变革，社会组织形式的多样化，就业和收入分配的多样化，对于大学毕业生而言，他们的就业价值倾向、职业观念、就业需求层次，也必然多样化，具体体现在以下几点。

①大学毕业生就业价值取向的独立性。市场经济环境下，劳动力市场公平竞争大行其道，自主就业、双向选择打破了过去大学毕业生就业中的"等、靠、要"等依赖心理。人身的依附性被打破，就业价值的独立性就自然而然上升。随着社会发展的多元化和物质利益的多样化，大学毕业生在全国各区域经济体就业或择业中更加个性化，自主自立意识更加强烈，在就业规划方面更加追求自我价值的满足，更加追求自我独立人格和自我尊严，这是劳动力市场深化改革的必然趋势。

②大学毕业生就业价值选择的多样化。市场经济条件下，大学毕业生求职或就业的途径更多了，信息更广了，区域更大了，手段也更先进了，可选择的空间更大了。尤其是互联网的普及，信息化的推广，传播了各种各样的就业价值理念和生活方式。对于大学毕业生求职或就业而言，既可以一次选择，也可以多次选择，即可双向、多项选择，也可以单方面考虑，大学毕业生就业价值观中的独立意识更强了。对于社会而言，这也是进步的一种体现。

③大学毕业生就业价值观的善变性。大学毕业生的就业价值观不是一成不变的，它会随着社会劳动力市场的供需方式的变化而变化。经济发展，产业结构不断调整，随之而来的就是用人市场供需关系的变化，社会调整越猛烈，大学生就业价值取向也会随之共振。对于大学毕业生而言，用人市场的躁动也必然引起就业、求职倾向的冲动，各种求职或就业信息新变化、新要求的出现，大学毕业生就业价值观的不稳定性和不确定性也随之凸现。

④大学毕业生就业价值观的差异化。不同劳动力市场的需求不同，对于大学毕业生而言也会造成完全不同的就业价值、职业认知，特别是由于用人市场差异化的薪酬待遇，大学毕业生在择业或就业过程中的职业角色、经济收入的差距会有所拉大，逐渐形成不同的社会阶层和利益群体。每个大学毕业生的自身学习经历、家庭背景不同，对就业或

择业的观点、立场也不一样，对于用人市场而言，这是一种十分正常而又普遍的现象。

5. 通过思想政治教育引领大学毕业生树立正确的就业观

江泽民同志曾经提出：意识形态领域，社会主义思想不去占领，资本主义思想就必然去占领。社会主义市场环境下，劳动力市场也进入新旧体制转变阶段，大学毕业生就业价值观念、职业道德标准、求职方式也相应发生了很大的变化。要防范大学毕业生在全国各区域经济体流动就业或择业过程中的职业道德失范和信仰混乱现象。为保证社会主义市场经济的扎实推进，我们必须坚持社会主义的思想政治导向，对大学毕业生在就业观方面出现的各种偏差进行纠正，真正发挥思想政治教育的独特优势。在思想政治教育过程中，需要从以下几个方面来引导大学毕业生树立正确、理性的就业观。

①要始终坚持马克思主义在大学毕业生就业观中的指导地位。对于思想政治教育而言，对大学毕业生的就业价值的引导需要时刻以马列主义、毛泽东思想、邓小平理论、"三个代表"重要思想、科学发展观来武装他们的头脑，使他们树立社会主义和共产主义的理想信念，始终坚持马克思主义在大学生就业观中的指导地位，用马克思主义占领就业中的职业道德阵地，使各种背离马克思主义的反动、腐朽、没落的就业思想意识、就业道德、标准价值取向无立足之地。特别值得警惕的是，伴随着互联网的普及和推广，各种错误的、反动的就业价值取向在网络世界大行其道，使相当一部分大学毕业生在就业或择业过程中迷失了心智，产生模糊的认识，甚至走向了违法乱纪的道路。要引导大学毕业生认真地研究马克思主义理论，弄懂、学会、活用，要始终保持马克思主义的先进性和权威性，要把马克思主义基本原理同我国劳动力市场的变化紧密结合起来，用它来指导大学毕业生去解决在全国各区域经济体流动就业或择业中所遇到的各种新问题、新挑战、新矛盾。

②要坚持个人利益与集体利益相结合，眼前利益与长远利益相结合，做好职业规划。对于大学毕业生而言，在全国各区域经济体流动就业或择业过程中，既要尊重个人职业需求的个性化需要，也要坚持将个人就业或择业的理想同国家、社会、集体利益联系在一起。没有国，哪有家。在社会主义市场经济发展过程中，在劳动力市场剧烈变动中，西方某些反动就业思潮不断侵蚀，部分大学毕业生在全国各区域经济体就业或择业中，往往忽略了职业道德的基本要求，常常偏离了正确的就业价值取向，个人享乐主义、极端自私自利、拜金主义的思想时有存在，这些错误的就业价值取向极大地冲击了健康发展的劳动力市场，污染了用人市场的环境。我们必须旗帜鲜明地坚持社会主义和集体主义思想，大力倡导符合社会主义道德规范的就业价值取向，用社会主义核心价值观引领各种就业价值观。要引导大学毕业生在全国各区域经济体流动就业或择业中倡导为人民服务的思想，使他们懂得"我为人人，人人为我"的社会主义新风尚。要培养他们对集体、国家、社会的责任感和荣誉感，引导他们正确处理眼前利益和长远利益，正确处理个人利益和集体利益、国家利益，当个人利益与集体利益、国家利益发生冲突时，要毫不犹豫地做出牺牲和让步，要顾全大局，先公后私。唯有这样，我们才能把思想政治教育工

作提升到一个新的更高水平。

③要坚持五观教育，引导大学毕业生树立正确的就业观。对大学毕业生就业观进行引导需要加强五观教育，即世界观、政治观、人生观、道德观、法律观教育。第一是世界观，是指处于什么样的位置，用什么样的眼光去对待与剖析事物。它是人对事物的判断反应，是人们对世界的基本看法和观点。它具有实践性，是不断变化、发展、提升的。对于大学毕业生而言，在求职过程中必然与他人、用人单位、社会其他组织发生各种联系，也必然在认识世界和改造世界。对于社会的不同现象，特别是人才市场中的各种现象，如何来进行判断，这需要以科学、正确的思想去武装自己的头脑，增强积极性与主观能动性，要用马克思主义世界观去引领大学毕业生正确就业过程中存在的各种问题，客观处理各种困境，学会用联系的、发展的、全面的眼光去看待问题。特别是在求职过程中，要用正确的世界观来引领职业理想和信念，要用正确的世界观来调节大学毕业生的就业或求职行为。第二是政治观，政治观是社会成员对政治世界的想法和看法。它涵盖社会成员看待、评价某种政治系统及其政治活动的标准，以及由此形成的政治主体的价值观念和行为模式的选择标准。马克思在《德意志意识形态》一书中明确提出："统治阶级的思想在每一个时代都是占统治地位的思想。这就是说，一个阶级是社会上占统治地位的物质力量，同时也是社会上占统治地位的精神力量。"我们要把思想政治工作当作"生命线"来抓，最根本、最重要的一条就是要把今天的政治方向放在首位，要坚持四项基本原则不动摇，要引导大学毕业生在全国各区域经济体流动就业中，无论在何时何地都要坚决拥护中国共产党的领导，拥护党的路线方针政策，贯彻党的基本路线不动摇。要引导大学毕业生正确处理和协调人与人之间的关系，坚决巩固内部人民团结；要加强爱国主义，时刻激发他们的爱国热情，把所学专业与本领全身心投入全面建成小康，实现中华民族伟大复兴的中国梦上。第三是人生观，人生观是人们在实践中形成的对于人生目的和意义的根本看法。它决定着人的实践活动的目标、人生道路的方向，也决定着人的行为选择的价值取向和对待生活的态度。人生观主要由人生目的、人生态度和人生价值组成。对于大学毕业生而言，在全国各区域经济体流动就业中的人生观在不同时期也会有所不同，这主要与用人市场的发展状况息息相关。大学毕业生，求职或就业的目的影响其职业定位，影响其就业或择业的方向。正确的求职目的应当是明白求职不仅是一种谋生手段，也是一种奉献行为。通过自身的付出，实现个人价值，同时也可以实现社会价值，为国家、社会、集体做出有意义的贡献。对于大学毕业生而言，在全国各区域经济体流动择业或就业过程中要端正自身的就业动机和就业态度。尤其是求职中碰到困难时，如何正确看待，是迎难而上，攻坚克难，赢得最后的胜利，还是产生畏难情绪，怨天尤人，轻言放弃；是对生活充满希望和热爱，还是对生活失去信心，丧失斗志。大学毕业生在全国各区域经济体流动就业或择业中，要鼓励他们将自身的职业理想与现实生活紧密地联系在一起，将个人的奋斗目标与国家社会集体的需求紧密地结合在一起。对于全国各区域经济体流动就业或求职的大学毕业生而言，需要解决一个问题：人为什么要找工作。人的职业价

值体现在对国家和社会集体的贡献大小上，人生的职业价值在于责任和付出，大学毕业生要树立正确、理性、积极、乐观、向上的职业态度。第四是道德观，道德观是大学毕业生对自身、对他人、对世界所处关系的系统认识和看法。道德是社会群体的共识，道德观在一定时期和一定范围内是稳定的。莎士比亚曾经说过："道德和才艺是远胜于富贵的资产；堕落的子孙可以把贵显的门第败坏，把巨富的财产荡毁，可是道德和才艺却可以使一个凡人成为不朽的神明。"伏尔泰也经说过："美德与过恶，道德上的善与恶，都是对社会有利或有害的行为；在任何地点，在任何时代，为公益作出最大牺牲的人，都是人们称为最道德的人。"对于大学毕业生而言，在就业或择业中就要遵守相应的道德，因为道德具有认识功能。引导大学毕业生在求职过程中正确地认识规则，规范自己的行为。道德具有调节功能，大学毕业生在求职或就业过程中要明辨是非，认清善恶，扬善去恶。道德具有教育功能，它引导大学毕业生树立、集体观，倡导公平、正义、幸福，是大学毕业生成为纯洁的人、高尚的人。道德具有评价功能，它可以引导大学毕业生在全国各区域经济体就业或择业中用内心的力量、内心的尺寸来把握现实世界。道德具有平衡功能，正是因为有了道德观，才使用人市场处于供需相对有序、平衡的状态。对于大学毕业生而言，要牢固树立全心全意为人民服务的宗旨，以爱祖国、爱人民、爱劳动、爱科学、爱社会主义为基本要求；以社会主义公德、职业道德、家庭美德为着力点，不论在求职或就业的任何阶段、任何时期，都要学会尊重人、关心人、爱护人。第五是法律观，法律观是介于感性和理性阶段之间的一种特有的法律意识反映阶段。法律观既包括人们对法律的零散的、偶然的、感性的认识，也包括一些系统的、必然的，理性的认识。培养和塑造大学毕业生法律观是时代发展的必然要求，是依法治国的客观需要，是大学生思想政治教育的重要目标，是维护大学毕业生合法权益和适应和谐社会发展的需要。

总之，高校在对在全国各区域经济体流动就业或择业的大学生进行思想政治教育时，要坚持教书育人、育人为本，始终把坚定正确的政治方向摆在首位，要引导他们坚定共产主义和社会主义理想信念。最根本的是要引导他们在中国共产党领导下，走中国特色社会主义道路，为实现中华民族伟大复兴的中国梦而奋斗。邓小平曾经指出，"忽视或削弱党的思想政治教育工作，就会出乱子"，"青年应当有远大理想，又要十分重视任何细小的工作。要有远大的理想，才能永远保持前进的勇气和方向。而达到理想的道路是要由无数细小的日常工作积累起来的"。要引导大学毕业生坚决抵制任何"西化"和"风化"，采取必要措施，提高大学毕业生的思想政治素质，增强他们的政治敏锐性和鉴别力，提高他们抵御风险的能力，要始终坚持马克思主义的主导地位不动摇。高校在对大学毕业生进行思想政治教育时要与时俱进，根据时代的发展主题和具体要求，结合大学毕业生实际，不断更新思想政治教育内容，不断改进教育的方式方法。高校要加强统一领导，落实责任，充分发挥思想政治理论课的主阵地和主渠道作用，为他们就业创造一个好的社会环境。

参考文献

[1] 麦可思研究院. 2010年中国大学生就业报告（就业蓝皮书）[M]. 北京：社会科学文献出版社. 2010.

[2] 黄国勋，席鸿建，曾冬梅. 地方综合大学人才培养模式整体改革研究[M]. 南宁：广西民族出版社. 2001.

[3] 王立人，顾建民. 国际视野中的本科应用型人才培养[M]. 杭州：浙江大学出版社. 2008.

[4] 宋国学. 就业能力开发的绩效衡量与实证分析[M]. 北京：中国社会科学出版社.2007.

[5] 帕特丽夏·威奈尔特. 就业能力——从理论到实践[M]. 郭瑞卿，译. 北京：中国劳动社会保障出版社. 2004.

[6] 朱新秤. 论大学生就业能力培养[J]. 高教探索，2009（4）.

[7] 姚德超，晏月平. 大学生就业核心竞争力体系的构建[J]，教育评论，2009（1）.

[8] 赵颂平，赵莉. 论大学生就业能力的发展[J]. 教育与职业，2004（21）.

[9] 谭诤. 大学生就业能力概念辨析. 江苏高教[J]. 2010（4）.

[10] 楼锡锦，周树红，吴丽玉. 大学生就业竞争力分析[J]. 教育发展研究，2005（13）.